解古世の国の物語

ケニア山のふもとに棲んだ
ひと　鳥　けもの　魔もの　虫けら　土の声

杜 由木

東京図書出版

はじめに

本書は、東アフリカ、ケニア山のふもとをふるさととするキクユ人の民話です。農耕を行うこの人々は、どこから来たのでしょうか、確かなことはわかってはいません。言い伝えでは、はじめは狩猟民であったようです。歴史家によると、その移動と増殖が勢いをえたのは、十八世紀半ば頃でした。どこからかケレニャガ（ケニア山）のふもとにたどり着き、開拓をつづけながら南西に下りてきました。現在のキクユ地域には、当時、狩猟採集を行う先住民が住んでいました。その人々から土地を購い、あるいは同化吸収しつつ、潤沢な雨と無数の小さな流れと、肥えた土壌に恵まれたこの地を拓《ひら》き、定住しました。現在は、ケニアのなかではもっとも大きな民族集団になっています。

キクユ（Kikuyu）というのは英語での通称です。民族の名称は**Gĩkũyũ**です。ゲコヨと発音します。そこで、わたしはこの書き物のタイトルを「解古世《ゲコヨ》」としました。異民族のことを書くとなると、とかくカタカナが多くなり、聞き慣れない名称については、読む人にとって、人名やら地名やら、普通名詞やら固有名詞やら判然とせず、印象が掴みにくくなることと、また「キクユ」、「マサイ」では、現在のマスコミに流通している情報の印象が強く、このような内容には違和感があるので、「物語世界」として、主要民族グループ名だけはカタカナから外した表記をしてみました。この中で用いた固有名詞に当てた漢字じたいには特別な意味は付与しておりません。

昔話は、本来は語られたものです。子どもたちや孫たちに、親たちの言葉で語られました。それゆえ、同じ風土、習俗のなかでのものごとに説明はありません。それが、たとえ文字に移されたとしても、その母語で書かれているかぎり、読者の対象はおなじ暮らしのなかにある人びとですから、語られたものとどうように説明は省略されています。それに、語り手が聞き手を前にして語るときは、話し手の身振り、声、表情、そのうえ挿入歌のメロディーまでが入りますから、どんなにことばを端折った表現でも、それなりの感興が得られます。けれども、それを異国の言葉に移して伝えるための文字にした場合は、そうはいきません。「語り」から流れ出る心は伝わりません。あちらの口承伝承の深さをこちらの文字言語で伝えることはできません。

文字にすることで失われたこの大きな要素が、異民族の言葉（日本語）の力、文字記号の操作の上で、どう立ち現れるか。語り手が聞き手を惹きつけたようにして、翻訳者、あるいは紹介者は、声音《こわね》や身ぶりの身体表現を伴わない要素で、読者を惹きつけることができるだろうか。異国の文字記号に移し替えられて死ぬべき語りの息吹を、ここの土壌（日本語）から発芽させ、生きかえらせ、伝えたいとねがいました。

異なった民族の昔話は、その風土、伝統、慣習、言語表現（思考のかたち）などがわからないと理解の難しいものです。たとえば、動物話の中に頻繁に出てくる「旱魃・飢餓」「農耕」、食物として「オショロ」「ギマ」など。日本の昔話に「にぎりめし」「だんご」が出てくるようなものでしょう。

そこで、その助けとして、言葉の意味、民族の慣習、ことわざ、成句の引用などを「注」として付記しました。

第一部 【動物話《どうぶつばなし》】について

これは、実際の動物の生態や行動とは、あまり関係はありません。旱魃、飢餓、欲望、生存競争、騙し、復讐、またそれらに関する裁判など。動物の名を借りて、まさに、人間世界のありさまが躍動しています。風土の中の、人間の物語です。

「**第一章 知恵は力《ちから》**」でみられるのは、日本の昔話によくあるように、正直者が最終的には幸運を得る、とか、弱者が強力な味方を得て仇討ちを果たす、というたぐいの義の思想ではなく、野うさぎや栗鼠のように体力において劣る者たちが、強者の少々「知」の足りないのにつけ込んで、狡知であろうと騙しであろうと、存分にコケにするはなしです。

「**第二章　野に叫《おら》ぶハイエナ**」では、ハイエナの話をまとめました。ハイエナを扱ったものは、キクユの【**動物話《どうぶつばなし》**】の中でも特に多く、また、民話のみならず、ことわざ、成句などの中にも見られます。日本でも、狐という動物に特別の関心が持たれるのか、民話集の動物話の中では、「狐」という一項目がもうけられているほどです（佐々木喜善著『聴耳草紙』筑摩書房、松谷みよ子・瀬川拓男・辺見じゅん編『日本の民話1　動物の世界』角川書店）。狐がキクユでのハイエナに相当するのだろうか、とは思いますが、その動物の性格付けも扱い方も、異なっています。狐の場合、たいていは、人を化かしたり、人に恩返しをして幸運をもたらしたりする話です。ここでのハイエナに対するような徹底的な排除はありません。

ハイエナは貪欲、残忍、臆病、単純、愚鈍、ということで人々に憎まれ、毛嫌いされています。なぜ、人はハイエナにこれほどの憎しみを投げるのでしょうか。ハイエナが死と深くかかわっている動物だからでしょうか。こんなことわざもあります。

ハイエナに二度与えるな。（Tũtikuhe hiti keri）

むかし、人が死ぬと、野に運び、放置しました。そのあと、ハイエナがきれいに片づけたのです。つまり、「ハイエナに与える」とは、死者を出すという意味です。

殺人が発生すると、被害者側の身内《みうち》は復讐をしようとします。そのため、地域の「年寄り《キアマ》」

（世話役）は、二度目の殺人を阻止しようと心をくだきました。このことわざは、これ以上死者は出すまい、何とか和解せよという意味です。

また、民話の中では、動物としての生態にはほとんど関係のなさそうな――臆病、単純、愚鈍、飢えて疲れてさまよう者、簡単に騙される者、欲に目が眩むが、利益は利口なヤツに横から奪われて結局すべてを失う者……、このような性格を、ハイエナは与えられて、徹底的に嘲弄もされます。けれども、ただそれだけでしょうか。これらの話の中に溢れるユーモアとペーソスの語り口で見るかぎり、単に憎悪、侮蔑、嫌悪のみとはとても思えません。一匹のハイエナの為した不徳のために、一族郎党がまとめて空からばら撒かれる終局や、裁判に掛けられては、ウンともスンとも言えずに死ぬまで打たれ続ける、そんな状況には、まさに自身の姿をわらう人々の余裕が感じられます。この民族が植民地支配以来受けてきた屈辱や苦難のかずかずのエピソードをなんとなく思い出します。

「**第三章　叢林《ブッシュ》の悪戯者《いたずらもの》**」では、故意か偶然か、スイッチが切り替わって、状況が反転していくその舞台で活躍するいたずらものたちの物語です。動物ばなしとして、このような類話は他の地域にも、あるかも知れません。けれども、そのいきさつの語り方、独特の風土、風俗、習慣などの特性は目をとめて興味あるところと思います。

「**第四章　鳥と人**」では、これまでの話のように、動物たちじしんに人間の性格と人間世界の様相を付与したものとは少し異なり、鳥と人とが関わる物語です。鳥は人や獣とは異なった軌跡をとって移動するので、魂や霊のはたらきを思わせます。そのため、遠隔の地からの知らせを運んで人の危機を救ったり、命を助けたりする話が多く語られています。また、場合によっては、激しい呪いの報復をします。ただし、第1話（「祈禱師《モンド・モゴ》ジールとその畑を耕す小鳥のこと」）はその例ではなく、この小鳥は農耕という人の暮らしのすきまに入り込んだ一種の精霊《スピリット》であり、祈禱師《モンド・モゴ》という霊界の職能者が、それを囲い込んだ話でしょうか。現実（村人の日常）と非現実（異界《いかい》のもの）とが交差するシーンが幻想的です。

第二部　【魔物話《イリモばなし》】について

イリモ（irimũ）とは、妖怪、怪物、人喰鬼、などいわば魔物のことです。きまった姿かたちはなく、あるときは人、あるときは動物、あるときは植物の姿をとって現れます。食物は主として生きた人間です。性格は、邪悪、愚昧《ぐまい》、貪欲、冷酷です。深い森の奥に棲み、そこに入り込んだ人にいたずらをしたり、ときには人里に現れて、保護者の手をはなれているときの子ども、女、老人などを狙うのです。キクユではイリモと言いますが、マサイではエンクーと言い、カンバではイイム、などと呼び名は異なりますが、いずれもアフリカの昔話の中では、跳梁跋扈《ちょうりょうばっこ》する華やかな役回りなのです。民話に現れるこの魔物の正体は、数世代を経てのち、もはや人々の記憶からその名が消え去った霊が、人格を失い、堕ちて浮遊する、そのものたちの化身という説もあります。これは、この後の第三部の、一貫したストーリー性をもった人間世間の話とは異なります。このような伝統の昔話というのは、そのはなしの特徴となるさわりの部分以外の枝葉は、話り手の記憶のプールの中から手繰りだされる「話の要素」のパッチワークなのです。整合性はありません。

魔物話《イリモばなし》の中でも特に多いのは、人喰鬼《イリモ》の話です。そこで、ここではその話をとりあげました。

「**第一章　人喰鬼《イリモ》の国**」の、第1話（「人喰鬼《イリモ》の木でマトゥーヤ摘んで、袋の中に入れられた娘のこと」）は、人里とイリモの国の境界あたり、お互いが時として交差するところ、森あるいは叢林《ブッシュ》という、木の実あるいは焚き木などを採集する人のなわばりの中に、魔物所有の木もあるという話です。

第2話（「人喰い《イリモ》山羊と髑髏《されこうべ》女《おんな》と、双子のこと」）は、たまたま人里に紛れ込んだ浮遊精霊《スピリット》の因子の一つが肥大し、人間の暮らしを呑み込んで、人里全域がイリモの国になる話です。昔話の中で、魔性のものが動物の仮面を脱いでその激しい正体を現すときは、この話の中でのように人間のことばを口にすることが発端となっていることがよくあります。人間のことばと動物の声は交差できないものなのに、それが交差した、つまり、現実世界と魔界の境界がかき消えた時が「これからお前たちの世界に関わるぞ！」という挑戦のサインなのでしょうか。

第3話（「人の善い人喰鬼《イリモ》と、うたぐり深いその息子のこと」）は、人間の女がイリモの国へ入り込み、取り込まれ、そこで暮らす話です。夫である人喰鬼《イリモ》の「人の善さ」ぶりと、その息子のしつこい疑り深さの対照が見ものです。

第三部【世間話《せけんばなし》】について

これは、第一部、第二部にあげたような伝統の「むかしがたり」とは少し性格が異なっています（第二章第1話の神話〈「女、牛と羊と山羊を野に棲む獣に変えたこと」〉以外は）。動物話や魔物話と同じように人間模様を扱ってはいますが、それらの場合のように素朴な形ではなく、もう少し複雑になり、具体性があり、まとまったストーリーで語られています。たぶんどこで発生し、どのように伝播されてきたかわからない古い「むかしがたり」とは違い、地域によっていろいろなバリエーションで語られてきた「世間話」、例えば、日本での「炭焼き長者」や「馬鹿婿話」（『聴耳草紙』）のようなものでしょうか。

＊ ことわざ、歌詞等に付けた原語表記における開母音の記号は省略します。Mwatũ→Mwatu 単独で用いた語はその限りではありません。Gĩkũyũ→Gĩkũyũ

解古世の国の物語

目次

はじめに …… 1

第一部　動物話《どうぶつばなし》

第一章　知恵は力《ちから》

1　野うさぎ、動物たちの井戸の水を盗み飲んだこと …… 15
2　野うさぎ、畑荒らしの怪獣を絡めとったこと …… 19
3　栗鼠《りす》、山羊の尾を切り土に植えたこと …… 24
4　栗鼠《りす》、猿どもをたぶらかし豹の水攻めを逃れたこと …… 27

第二章　野に叫《おら》ぶハイエナ

1　夜に、叢林《ブッシュ》の奥で笑うこと …… 38
2　肉焼く匂いに行き迷い、ふたまたかけて股が裂けたこと …… 40
3　豹の巣窟に入り肉を盗み喰らい身代わりをおいて逃げたこと …… 41
4　アンテロープを食おうとして亀に裁かれたこと …… 44

5 山羊の骨が喉に張り付き一夜明かしたこと 48
6 肉を食い損ない、毛皮のコートも盗られたこと 52
7 宣誓《ムウマ》に食われ自滅した三匹のこと 56
8 鴉の仇討ちで一族郎党空へ上がり、ばらまかれたこと 60
9 己《おのれ》が吸うた甘い汁に己《おの》が身を食われたこと 65

第三章 叢林《ブッシュ》の悪戯者《いたずらもの》

1 解古世《ゲコヨ》の国に死がやってきたこと 71
2 野うさぎ、頭の上に角をつくり付けたこと 74
3 頭《かしら》にまつり上げられた猿とその子分どものこと 77
4 胴がめり込んだ蟻と鼻の裂けた虱《しらみ》のこと 80

第四章 鳥と人

1 祈禱師《モンド・モゴ》ジールとその畑を耕す小鳥のこと 83
2 人喰鬼《イリモ》の産婆で子を産んだ鍛冶屋の女房と、鳩のこと 94

3　雛を殺された小鳥と子を殺された女のこと　101
4　死から蘇り再び死んだ娘と森の小鳥のこと　107

第二部　魔物話《イリモばなし》

第一章　人喰鬼《イリモ》の国

1　人喰鬼《イリモ》の木でマトゥーヤ摘んで、袋の中に入れられた娘のこと　114
2　人喰《イリモ》い山羊と髑髏女《されこうべおんな》と、双子のこと　119
3　人の善い人喰鬼《イリモ》と、うたぐり深いその息子のこと　125

第三部　世間話《せけんばなし》

第一章　男と男

1　二人の男、蠅の肉汁《ゲトエロ》で仲違いしたこと　136
2　盗人《ぬすと》とその弟子《でし》、他人《ひと》の家に入り羊を屠り食うたこと　141

3 天下の豪傑ガゾンド、とるに足らぬ小者に手もなく殺されたこと 148
4 於加比戦士《オカビモラン》、蜂蜜を舐《ねぶ》り襲撃の機《とき》を逸《のが》したこと 154

第二章 男と女

1 女、牛と羊と山羊を野に棲む獣に変えたこと 159
2 男、死んだふりをし女房を離縁したこと 161
3 剛の者、女に謀《はか》られ眠りに打ち勝てず牛を失うたこと 164
4 男と女、暗闇に指を失い仇同士になったこと 170
5 暴力亭主、女房に骨抜きにされたこと 175
6 牝牛、人の世では報われぬと言うたこと 179
おわりに 188
あとがき 197
参考文献 198

第一部　動物話《どうぶつばなし》

第一章　知恵は力《ちから》

1　野うさぎ、動物たちの井戸の水を盗み飲んだこと

ある時、この国に日照りがつづき、池や泉がみんな干上がった。そこで、動物たちは大がかりな寄り合いをもった。象から栗鼠《りす》まで、大きいの、小さいの、ぞろぞろと集まってきた。どうする、こうする、ああか、こうか、談義のすえみんなで井戸を掘ることにきまった。

さて、仕事はじめの日になっても、野うさぎだけはあらわれぬ。動物たちは腹を立てた、たとえ井戸が掘りあがっても、野うさぎにゃ、ここの水は一滴も飲ません！

さーァ、みんなでワイワイ井戸を掘りあげた。このあとは、野うさぎをここにゃ入れまいぞ、まいにち水場に見張り番をたてることにした。

まず、ハイエナが見張りに立った。そこで野うさぎもひとしあん。**ムワト**をなあ、木の上からはずし、かっぱらってきてその中へもぐりこんだ、そのまんま井戸のある窪地《くぼち》へ向かって斜面をドドドドと転がっていった。

見張りに立っておったハイエナは肝をつぶし、ほとんど死なんばかりよ。なにしろ、いきなり上の方からガラガラガラガラ、ひでえ音をたてて、えたいの知れぬものが突っ込んできたんだからなあ。

「なんだ、ありゃ？」たしかめるヒマもない。転がり落ちてきたムワトよりも速く駆け出しなかまのところへ走り込んだ。

「なんだ、なんだ、どうした！」

「ムワトがよォ、すげえ勢いで突っ込んできてよォ、水飲んで……ハッハッ！　かえっていったんだ」ハイエナはあえぎあえぎ言うた。

「ハイエナ君よ、一片の小鳥の羽すらおまえを嚇《おど》かすに足るってことを知らぬ者はだれもおらんのだよ」ハイエナはみんなのわらいものよ。

つぎの見張り番は豹だ。獰猛《どうもう》さではその右にでる者はおらぬ。これほどたのもしい者もほかには見あたるまいよ。

それを知った野うさぎ、またひとしあん。乾いたバナナの葉を幾重《いくえ》にもからだじゅうに巻きつけ、じぶんのからだを倍くらいにもふくらませ、井戸のある窪地をいっきに駆け下りた。

知ってのとおり、バナナの葉は乾くと、一枚一枚風に飛ばされてカラカラと鳴る。それがどうだ、一枚ずつならぬバナナの葉のかたまりのお化けよ。風もないのにガサガサと、こっちへやって来るではないか。豹はおどろいたのなんの、ハイエナよりも速く駆け出し、なかまのところへ飛び込んだ。

「どうした？　なんだ？」

「そいつのからだの皮は、まるで乾いたバナナの葉よ、ガラガラ、バラバラ、ひでえ音をたてて追っかけてくるんだ！」

動物たちは顔を見合わせてうなずき合った。豹のような剛《ごう》の者でも守りがかなわぬとあらば、さては、あそこにゃわれらの未《いま》だ見知らぬ物怖《ものおそ》ろしい獣《けだもの》が出没するにそういない。

以後、井戸には二度と見張りは立たなんだ。動物たちは、かのえたいの知れぬ獣に出くわさんよう、用心しいしい、こそこそと水を飲んだ。

野うさぎは、ゆうゆうと水を飲んだ。

知恵は力にまさる、となあ。

【注】

井戸（gĩthima）──井戸といっても、平地に垂直に掘った穴ではない。まわりから掘り窪め、すり鉢の底のようになったところに湧き水が溜まっているだけ。むかし、水場はたいていこのようになっていたので、周囲は斜面になっていた。旱魃になると、池の円周はだんだん狭まりついには干上がってしまう。野うさぎがムワトの中に入ってゴロゴロ転がっていったのは、こんな斜面。

ムワト（mwatũ）——ハチミツを採るには、ビーハイヴ（養蜂筒）を作って木に仕掛ける。このあたりのビーハイヴは、木の幹を切断し、縦半分に割り、中を刳り抜き、空洞にしてから、ふたたび合わせたもの。これをキクユ語ではムワトという。円筒状に出来ているので、野うさぎが中に入って斜面を転がり下りることが出来た。それを木の叉に座らせたり、枝に吊り下げたりしておいて蜜蜂に巣を作らせる。だから、こんななぞなぞがある。

生木の上に座っている枯れた木？　　——ムワト
(Muti muumu uikariire muigo)　　(Mwatu)

知恵は——知恵は力にまさる（Ugi wi mbere ya hinya）——ことわざ。

2　野うさぎ、畑荒らしの怪獣を絡めとったこと

あるとき、動物たちが寄りあつまってそうだんした。みんなで土地を拓《ひら》き、耕し、人間がするようにじぶんたちの食べ物はじぶんたちでまかなおうぜ、ということになった。

さて、てごろな地面を見つけて、**木を伐《き》り**根を掘りおこし、石ころをとりのけた。大きな動物は、ザックザックと大まかに土をおこし、そのあと小さな動物が細かく土をならして耕し、畑ができた。畑ができれば、さあ、植え付けの時を待つだけだ。やがて、雨の季節がきた。みんなが植えたのはトウモロコシだ、あれはうまいからなあ。

四ヶ月めも過ぎたころだ、ヤ！　穫《と》り入れるばかりになった畑が荒らされておるではないか！　なにものの仕業《しわざ》なるか？　すがたを見た者はだれもおらん、よほど素早いヤツにちがいない。みんなで、頭をかかえ込みしあんのすえ、毎日一人ずつをえらんで見張り番に立てることにした。

先ずは、ハイエナだ。さて、ハイエナが畑の中にひそんでおると、やがて、くだんの獣《けもの》はやってきたらしい、バラバラ、バラバラと、トウモロコシの葉を引っかくような音がきこえてくる。ハイエナは、じつは臆病なヤツだったんだなあ、とたんに、ものも言わずにすっ飛んで逃げかえった。

集まって待ちうけていたみんながきいた。

「見たのかい、トウモロコシを食べる獣《けもの》を？」ハイエナは言う。

「おう、見たとも。そいつはなあ、象よりも凄いヤツだ！」

みんなはふるえあがった、だがあいつならばと、つぎにえらばれたのは豹だ。豹は手ぐすねひいて待った。しばらくすると、やって来たなあ、バラバラ、バラバラと音がする、豹はどなった。

「だれだ！　**男の畑**を荒らすのは？」そいつは歌った。

我コソハ、天ニ唾《つば》シ、地ヲ統《ス》ベル者ナリ
手向カウ者ミナ八ツ裂キニシテクレヨウゾ！

それを聞いた豹は、跳びあがって逃げた、走って走ってみんなのいるところへ転がり込んだ。

「見たのかい、トウモロコシを食べる獣《けもの》を？」

「おう、見たとも。そいつはなあ、象を二頭合わせたくらい凄いヤツだ！」

みんなはハイエナの時よりもいっそうふるえあがった。

ところが、なんと、それを聞いておった野うさぎが、見張り番をかって出た。動物たちはぎょうてんした、こんな小さなヤツが象二頭の力《ちから》を持つ獣《けもの》を追い払えるものか！　だが、野うさぎは行く気だ。「三つの石と糸をください」と言う。

野うさぎが畑に着くと、トウモロコシの葉がかじられておる最中だ。バラバラ、バラバラ、音はすれども姿は見えぬ。

「男の畑のトウモロコシを食らっておるお前はだれだ！」

そいつは、だれがものを言うておるのか見ようと、首をもたげてみた。だが、なにも見えはせぬ。相手があんまり小さいからだ。また食べ始めた。そのとき、野うさぎは、一つめの石をポンと投げた。そいつは、すぐそばに落ちたもの音をきいて、ちょっと食べるのを止めてみた、ややあって歌った、

我コソハ、天ニ唾シ、地ヲ統《ス》ベル者ナリ
手向カウ者ミナ八ツ裂キニシテクレヨウゾ！

野うさぎは、声の方へ近づいてゆきながら二つ目の石をヒューと投げ、三つ目の石をハッシと投げた。そこでどうした？　石に結びつけてあった糸がそいつを絡めとり地面に落とした。糸の先には、妙なものがくねくねと腰をくねらせてうごめいておる。

「ヤイ、おまえか、二頭の象を合わせた力《ちから》なんぞとハイエナや豹を嚇《おど》かしておったのは！　さあ、みんなを呼んで、これからおまえをどうしてくれるか決めるぞ！」

「畑を荒らしていたヤツを見に来ーィ！」野うさぎは、みんなを呼んだ。

ぞろぞろと集まってきた動物たちは、石につながれた糸に絡めとられ、土の上にうごめいているものを見てあきれたなあ。これがハイエナや豹を嚇《おど》かしておったのか！　なんと、イモ虫メよ。

「ヤイ、殺してしまえ！」と息巻いた。だが、野うさぎは言うた。

「いや、地下にやれ、もしも、地上に這い出してきてでもおれば、見つけしだい、殺せ！」イモ虫は、**地割れ**の深い穴に蹴込まれた。

だからイモ虫は、人を恐れ、いまでも日の目を見られぬ。地下にかくれて生きておる。

【注】

木を伐《き》り——農耕民の話。「大きな動物は、ザックザックと大まかに土をおこし、そのあと小さい動物が細かく土をならして耕し」と、農耕のやり方が述べられている。つまり、森やブッシュを切り開き、土を大まかに掘り起こしていくのは、男の仕事。そのあと、土の塊を細かく砕き、ならして、植え付けが出来るようにするところからが女の仕事。除草など、その後の管理は女にまかせられる。畑は、ほとんど女に所属しているとも言える。

男の畑——畑が女の管理にあるとはいえ、むかし、男も、男が管理している男だけの小さな畑を、べつに持っていた。それは、男の宝物のようなものだった。厳重にフェンスをしていて、野獣はもちろん、人もみだりには入れない。そこでは、ヤムを作っていた。ヤムを掘るのはたいへん難しかったので、女には向かなかったからだ。男は、ときどきそこからヤムを掘ってきて、家人にご馳走した。ヤムは、旱魃に強いので、そんな折にも助けになった。

地割れ——土の軟らかいところなどに、ときどき亀裂が走っているのが見られる。のぞいてみるとその深さは底も知れない。こんななぞなぞがある。

　手を入れても底にとどかぬ壺？　——地面の亀裂
　(Ndi ndigithu yakwa utangikinyia njara gitina)　(Muthongorima)
　野を焼いたが、ワシェカの傷跡は焼けなかった？　——地面の亀裂
　(Nda-cina weru na kanandu ka Waceke gatihie)　(Muthongorima)

地面は焼けても地割れが焼けることはないということ（ワシェカは女性名）。

3　栗鼠《りす》、山羊の尾を切り土に植えたこと

あるところに、ケルクマという名のハイエナがおった。栗鼠とはいっしょの**年齢組**《リイカ》だ。そいつは、山羊や羊をどっさり持っておったのだ。だから、仲間へのふるまいにはこと欠かなんだ。だがな、それは額《ひたい》に汗して成した財産《もの》にはあらず、他人《ひと》からくすねたんじゃ。家畜をたくさん持つ人がおるときけばそこの屋敷へ押し入り、盗んでおった。

ある日、ケルクマは山羊に水をのませに行く途中、ともだちの栗鼠に行き会《お》うた、

「ヤア、どうだ、ちかごろは？」

「天下太平、言うことなしさ」

「ところで、新地の開墾はすんだか？」

「すんだこたァすんだが、**キオンド**のほうがましよ。オレは忙しくてじぶんの蝿も追えん。これから山羊どもの水やりに下へ降りてゆくとこだが、水飲みおえてやつらが散らばるまえに木陰に入ってちょいと目をつぶってきたいんだ」

ケルクマは木陰に消え、栗鼠もじぶんの行く手の道をたどった、が、しばらくすると引き返し、見にもどった。ヤツは、ちょいと目をつぶるどころか、はや、**斧の眠り**よ、大口あけて大いびきよ。

栗鼠は、さあーァ、今がケルクマの山羊をくすねるときだ、とおもうた。山羊のあつまっておるところへくると腰の剣を引き抜いた。そこで、どうした？　やつらの尾をつぎからつぎへとぜんぶ切りとり、その数だけ地面に穴を掘った、掘った穴のなかへ切りとった尾を一つ一つ差し込んでは植えつける、山羊をあつめ、さして遠からぬ森の中へ追い込む、そうしておいてとって返した。

ケルクマは、いまだ起きる気もさらさらない、そこをゆさぶり起こす。

「オイ、ともだちよォ、おまえは眠っているあいだに山羊をぜんぶ地面に呑み込ませたのか？」

「なんだと？」見ると、目のまえの地面に山羊の尾だけがニョキニョキ突っ立っておる。ケルクマは目を丸うしてキョトンとしておる。

「たまげておるばあいかよォ、ここへきて手伝え！　ぜんぶありったけ地面に呑み込まれてしまう前に、少しでも助けにゃならん」

さあーァ、片っぱしからはじめた。尾を摑んだケルクマがうんとこしょと上から引っ張る、根本を持っておった栗鼠は、力いっぱい土のなかへ押し込む、その手をはなす、ケルクマはうしろにひっくり返る、手のなかには尾だけが残る、

「ともだちよォ、切れたんだ、はなせ！　つぎのに行こうぜ」

一つずつ、一つずつやってみて、とうとうぜんぶ引き抜いた。

「アーァ、みんな呑み込まれてしまったよォ、あにきィ！」
ケルクマがなさけない顔をする、栗鼠は、なぐさめ顔で言う、
「他人《ひと》の財産《もの》には厄《やく》がある、**他人《ひと》の財産《もの》**は片方の尻肥やす、と言うじゃないか、しかたないよ、あきらめるんだ、ナ、あにきィ」
栗鼠は、騙し取った山羊をかくしてある森へもどって行った。

【注】

年齢組《リイカ》（riika）——同時に割礼を受けて成人した仲間。固い絆で結ばれて、その関係は生涯続く。

キオンド（kiondo）——植物の繊維や草の蔓で編んだ籠。これに、畑の収穫物であれ、親戚を訪問する時の手みやげであれ、何でもかんでも突っ込んで女は持ち歩く。女の生活必需品。だから、新品でも、たちまち汚れ、傷だらけになる。キオンドに口がきけたら、女たちにこき使われている、と嘆くだろう。それでも、この忙しさにキリキリ舞いしているオレにくらべたら、「キオンドの方がマシよ」と、このハイエナは言っている。

斧の眠り——前後不覚の深い眠りのこと。斧は、横たえたらズッシリと重く、蹴とばしでもしなければ

容易には動きそうにない。

他人《ひと》の財産《もの》——他人《ひと》の財産《もの》は片方の尻肥やす（Indo ciene inoragia mundu itina rimwe）。このことわざは「悪銭身に付かず」と同じ意味で、不当な所得は不安定で座りが悪い、という意味。ハイエナの財産は他人の物をくすねたものだから仕方がないとリスは言う。

4　栗鼠《りす》、猿どもをたぶらかし豹の水攻めを逃れたこと

栗鼠は、豆をたくさん収穫できた。その豆で**牡山羊**を購《あがな》い、せっせと太らせた。そろそろ**血のご馳走**にあずかる頃あいとみて、**射手《いて》**をさがしにでかけた。

まずは、ハイエナに出会《でお》う、

「よーォ！　あにきィ、なにをそんなにバタバタしておる？」と、栗鼠。

「ウゥ、ウゥ、ウー　ウー　ウーゥ！」とハイエナ。

栗鼠は手を振る、

「あ、いや、オレが呼んだのは、おまえじゃなかったよ。あばよ！　ともだちんとこへ行きな」

つぎはジャッカルだ。

「ヘイ！　きょうだい、なにをそんなに慌ててるんだい？」

「ブゥエ、ブゥエ！」

「あ、いや、オレが呼んだのはおまえじゃなかったよ。あばよ！　ともだちんとこへ行きな」

こんどは、ライオンよ。

「よう！　親分、なにをそんなに急いでるんだ？」

「ウォー、ウォー！」

「あ、いや、オレが呼んだのはおまえじゃなかったよ。あばよ！　ともだちんとこへ行きな」

また先へ行くと、豹だ。

「よう！　あにきィ、なにをそんなにキョロキョロしてる？」

「ヒュー　ヒュー　ヒュー！　先ずはこう口笛で山羊をおびき寄せる。それから、ホ　ホ　ホと呼びかける」

「それ、それ、それだ！　まさにあにきのような人を探しておったのよ。ちょっと来て手伝ってほしいんだ、というのは、あそこにおる山羊よ」

栗鼠《りす》は、囲いから牡山羊を引きだしてきた。

「今日あたりこいつの血のご馳走にあずかろうと、あにきのそのすぐれものの爪を待っておったとこよ。いま瓢箪もってくるから、ちょいとこいつを掴まえていてくれんか」

豹は、山羊の引き綱をしっかりと掴まえていたが、栗鼠が行ってしまうと、ゴクリと生唾のみ込んだ。この太った山羊への食欲にゃがまんができん、むやみに前あしで土を引っ掻きながら腹んなかで言う。

「まあ落ちつけ、オレはこいつの首の静脈を刺すまえに、喉を噛み切ってすぐに死なせる。今日のうちにこいつを食えるようにな」

栗鼠は首の静脈を刺してもらうために山羊を押さえる。豹は爪を研ぎ、静脈を引っ掻こうと山羊の首に手をかける。だがな、食い気にはやる爪はおさえが効かん。はや静脈を断ち切っておった。血が噴きだし、山羊は倒れて死んだ。

栗鼠、それを見て言う。

「ヤイ、あにき、いったいなんてことをしてくれたんだ！　エエ、おい、じぶんのしたことがわかっておるのか？　覆水盆にかえらずだ。こうなったら処置なし。屠って食うよりなかろう」

山羊は屠られ、てぎわよく解体され、頭、胸、四肢、骨、内臓、皮、とバナナの葉の上に並んだ。ところで、火はどうする？　向こうの森のあたりに煙が見える。栗鼠は言う。

「オレは川で内臓を洗う、お前はひとっ走《ぱし》りあそこの家まで行って火をもらってきてくれ」

豹は煙のあがっているほうへ向かって駆けだした。ところでな、栗鼠は解体した肉をまとめ、剝《は》いだ皮にぜんぶ包み込み抱え込み、豹がもどってくるまえに木の上へ登っておった。

豹はハアハアあえぎあえぎ、それでも、火種は消さんよう気をつけてもどってきた。だが、見たものは一片の肉も残っておらず血の臭いもはや冷え切った空《から》っぽの地面よ。

「ヤヤ、肉はどこへ行ったんだ？　つまり、なにがどうなったんだ？」

豹は呻《うめ》いた。ふと見あげると、栗鼠が肉をぜんぶ抱えこんで木の上におるではないか。

「なあ、栗鼠の旦那《だんな》、いったいどうなっとるんだ？　なんで肉をぜんぶ持ってそんなところへ登っとるんだ？」栗鼠は笑う。

「ニェ　ニェ　ニェ　ニェ　ニェ！　なんで肉を持って木に登ったかだって？　いったいオレがおまえを呼んだのは、だなあ、山羊の血をとって飲むために首の静脈をちょいと刺してもらうことだったのかい？　それとも山羊を殺して肉をおまえに振る舞うためだったのかい？」

豹はがっくりしたが、気をとり直してたのんだ。

「前足の一本でももらえんだろうか？」

「そいつァ引っ掻く！」

「じゃあ**足首**なりと？」

「そいつァ駆け出す！」

「せめて**耳**でも？」

「聞く耳持たぬ！」

豹の我慢はついにぶっ切れた、

「おまえは、オレに山羊の解体を手伝わせておきながら一片の肉さえことわった。ならば、一人でその肉食ったあといったいどこで水飲む気だ？　水場にゃおまえをこんりんざい、入れんぞ！」

「ヘッ、栗鼠自家用水！」（つまり尿）

「よーし、よかろう。いつまでもそこにおれ、二度と会わんぞ！」


豹は森の猿どもをぜんぶ召集して号令かけた。

「いいか、このあたりの水場をすべて見張ってろ！　もし栗鼠のヤツを見つけたら捕まえておけ！」

水場にゃ毎日見張りが立った。それを耳にした栗鼠、イラクサを刈り込み目だけ残し、幾重《いくえ》にもからだじゅうに巻きつけ水場へ降り、ゆうゆう水を飲み土手を登りかえっていった。見回りにやってきた豹、見張り番についていた猿どもに聞く。

「栗鼠のヤツが水飲みにこなかったか？」

「いいえ、栗鼠は見かけませんでした。ただ、イラクサさまが水を飲んでから土手を登っておかえりになっただけです」

「それだ！　栗鼠のヤツは。こんど見かけたら捕まえろ！」

翌日、栗鼠は、バナナの葉をからだに巻きつけ着ぶくれ水場へ降り、水を飲み土手を登りかえっていった。豹が来て猿どもに聞く、

「アイツは出てきたか？」

「いいえ、栗鼠は見かけませんでした。ただ、バナナの葉さまが水を飲んでから土手を登っておかえりになっただけです」

「それだ！　栗鼠のヤツは。こんどこそ見かけたら捕まえろ！」

つぎの日、栗鼠は、ボロ切れをからだじゅうにぶら下げ、からだを覆いあらわれ、水を飲んでかえっていった。豹がきて聞いた。

「アイツは出てきたか？」

「いいえ、栗鼠は見かけませんでした。ただ、ボロ切れさまが水を飲んでから土手を登っておかえりになっただけです」豹はこの猿どもに大いに腹を立てて言う。

「このバッカどもが！　いいか、言うておくがな、お前らの見たものはみーんな栗鼠だったんだぞ、まいどまいど逃がすとは、いったい何やっとるんだ、今度こそ気をつけて見張っておれ、逃がすでないぞ！」

またつぎの日、栗鼠は鍋底の煤《すす》をからだじゅうになすりつけ、やってきて水飲んでかえっていった。豹がきて聞く、猿どもは言う。

「いいえ、栗鼠は見かけませんでした。ただ煤《すす》さまが水を飲んでから、土手を登っておかえりになっただけです」豹はあきれかえって言う。

「いいか、明日はたとえどんなかっこうをした者があらわれようと、捕まえろ！　それがすなわち栗鼠なんだから、なッ！」

翌日、からだじゅうに灰をまぶしてあらわれた栗鼠は、ついに猿どもに包囲され捕まり、いまや袋だたきにあわんとするときだ、言うた。

「ねえェ、ともだちよォ、もしもボクの飲んだ水がキミたちからの借りだったならば、だねェ、言っとくけど、ボクは借りをとどこおらせるようなタチじゃないんだ。それで、ちょっと聞きたいんだが、この借りは何で支払ったらいいかねえ？」猿どもはいっせいに言う。

「**メウンゴ**で支払ってくれ」

栗鼠はしょうちし、ある畑で作られているメウンゴをもって支払いにあてることを約束し、言うた。

「そこへわれわれが着いたら、ボクはその畑の見張り番をしている娘たちを、**歌と踊り**でおびき寄せる、娘たちが畑をはなれたら、キミたちはただメウンゴを存分にいただけばいい」

さて、一行はぞろぞろとメウンゴ畑に着いた。栗鼠は、近くの木の高い枝に登った。そこで栗鼠の華やかなショウがはじまる。

ドレスの裾が　ひーらり　ひら　ひら
娘さん、見てごらん！　ほら　見てごらん

栗鼠はみごとな尻尾ふりふり尻ふりふり踊り歌う。

ソレッ！　ひーらり　ひら　ひら……


娘たちは、畑の見張りを放りだして寄ってきた。歌と踊りにみとれきき惚れた。

そのときを待っていた猿ども、畑にはいり込み、食べはじめ腹いっぱいになる。

「ワーィ、やったぞゥ！」いっせいに引きあげて行った。

声を聞いた娘たち、あわてて畑へ駆けもどった。だが、あとの祭りよ！　メウンゴの一つたりとも残ってはおらぬ。栗鼠もまた行方をくらました。

娘たちはガックリして、しおしおと家へかえった。父親は言うた。

「おまえらは、栗鼠《りす》の踊りを見物するために、メウンゴのありったけを猿どもにふるまったのか！」

娘たちが、こっぴどく打《ぶ》たれたことは言うまでもない。

【注】

牡山羊（mbũri）──むかし、この人々の主な財産は、農地のほかには家畜だった。特に牡山羊は、食物として重要な蛋白源であるとともに、婚姻の取り決め、その他いろいろの儀礼には欠くことの出来ない家畜。そのため、食物としてとしてばかりではなく、人が社会生活を営む上に必要な財源。だから、山羊に関することわざは、数多い。

火に掛けた食物から山羊は出て来ぬ。（Irio hiu itiumaga mburi）

むかし、調理済みの食品には、商品価値はなく、それは、あくまでも家族や知人、あるいは旅人などに分けて、食べるだけのもの。けれども、畑から収穫した生の作物ならば、山羊を生み出せるという意味。つまり、せっせと耕して作物の収穫を増やし、余分の作物を市場へ持って行けば、山羊と交換できた。こうして手に入れた牡山羊は、毎日毎日草を刈ってきて食べさせ、太らせる。太らせた牡山羊はさまざまな儀礼や行事に欠かせないものなので、さらに交換価値の高いものになった。

血のご馳走──そのほかに、家畜からの利益としては、乳や血を採ることができることなどがある。血を採るのは（たいていは牛の血であるが）、ふつう人間が精力を付ける必要が生じた場合、たとえば、お産の後、割礼の後、戦士の体力を付けるためなどに飲むためである。動物の血は、もっとも速効性のある栄養源。その方法は、先ず動物の首をロープで縛り、静脈を浮き出させ、そこに矢を射込む、すると一筋の赤い血が噴出する。それを容器に受ける。これに使用する弓矢には、別の名の付いたこれ専用の小さなものがある。矢を射るときには、あまり深く射込むと血管を断ち切り、動物は出血で死んでしまう。そのため、鏃《やじり》には、深く入らないように蜜蠟などが塗ってある。

射手《いて》——この栗鼠も、畑の作物の収穫を上げて、一頭の牡山羊と交換できた。せっせと草を刈ってきて食べさせ、太らせたのだった。さて、そろそろこの山羊から血を採って飲みたい。だが、その矢を持たないので、そのかわりになる物を探していたところ、ちょうど豹の爪が見つかった。だが、豹は、エサを見た興奮のあまり、山羊の血管を深く傷つけて殺してしまう。

足首、耳——山羊の肉の分け前にあずかれないと知って、豹は「たとえ足首でもいい」「それが駄目なら、せめて耳でも」と、懇願する。山羊肉の最上部分は胸肉、最も不味いところは下肢とされている。耳とあっては言うに及ばず。こんなことわざがある。

他人に最上の山羊肉は耳。〈Mburi yene muitha ni gutu〉

山羊を屠って肉を分配しているところへたまたま入って行った時は、少しでもましな肉を期待してはいけない。最下等の耳くらいが相応ということ。それすらもらえなかった豹は、ついに我慢も切れ、猿を使って水攻めに出る。

猿（ngima）——猿は、日本では知恵ある動物とされているが、この国ではバカな動物ということになっている。猿たちは栗鼠に騙されている状況がなかなかのみ込めず、何度目かにやっと捕まえるが、栗鼠が持ち出した交換条件のエサにつられて、また逃がしてしまう。

メウンゴ（mĩuungũ）——猿がつられてゆくメウンゴとは、瓢箪になる前の未熟な実。これは、猿の大好物。瓢箪は、日本のもののように胴が括《くび》れたものではなく、丸い形をしている。その大きさにより、さまざまなものの容器として用いられ、それぞれの用途により、別々の名が付いている。皿、椀、柄杓、ビン、酒樽などの役目は、すべてこの大小の瓢箪がしていた。また、マサイなど牧畜民との交易にも用いられている。だから、むかしはこれが大量に畑で作られており、実のなる時期には猿を警戒して見張りが付けられた。

歌と踊り——栗鼠とか、小鳥とか、そんな小さな動物が、ある目的のために人間の目を繋ぎ止めるべく、木の上で必死に歌い踊って見せる、そして、その間になにごとかを行う、これは他の話の中にもしばしば挿入されて用いられる要素の一つ。

第二章　野に叫《おら》ぶハイエナ

1　夜に、叢林《ブッシュ》の奥で笑うこと

ある日、ハイエナは、たいくつで、たいくつで、死にそうにたいくつして、叢林《ブッシュ》の中をぶらついておった。そのとき、ともだちの野うさぎにバッタリゆき会《お》うた。

「よーォ、あにきィ！　どうだい、なんか面白《おもしれ》えことでもないかい？」

野うさぎはなにくわぬ顔で言う。

「そーさなあ、別にこれといってないが……、ただ、ちょっとさっき、みょーうな生きものを見たんだ」

「どんな生きものだった？　そいつの脚は豹のように鉤爪《かぎづめ》かい、それともシマウマのように蹄《ひづめ》かい？」

「いやいや、とてもそんなたぐいのもんじゃない。足の先はまるで木の根のコブよ！」ハイエナは目を丸うして聞く。

「ヒェッ！　ならば、からだはどんな色だ？」

「あるときは黒くなり、あるときは青くなり、また赤くなりたけりゃ赤くなる、どうだ！」

ハイエナは、腕組みしてさんざかんがえ込み、また聞く。

「フーム、じゃあ目はどうだ？　オレたちみたいかい？」

「あ、いやいや、どうしてどうして。なんと、片方は前向いて、もう片方はうしろ向いておる！」

この摩訶不思議《まかふしぎ》を聞いたとたん、ハイエナはうしろにひっくり返り、手足バタバタ空《くう》を掻き、地面に背中をよじりつけ、笑うた。

そーら、夜に森の奥からときどき　ケケケケ、ケケケケ　ケ、と聞こえるだろう？　ありゃ、ハイエナが野うさぎから聞いたはなしを思いだしては**笑う**ておるんだ。

この珍妙ないきものというのは、な、ほかでもない、カメレオンよ。カメレオンは、今でも木の上でからだの色を変えながら、両目をべつべつに動かして、ひっそりと虫を狙うておる。

【注】
笑う——夜に聞こえてくるハイエナの鳴き声は、けたたましい笑い声に似る。

2　肉焼く匂いに行き迷い、ふたまたかけて股が裂けたこと

ある日、ハイエナは、野をさまようておった。腹がへってたまらん、どこかから肉焼く匂いでもしてきはせぬか、どこかに肉のひと切れでも落ちていはせぬか。

やがて、なにやらそれらしいものが匂うてきた。あたりを嗅ぎまわり、どうやらけんとうつけて、そっちの方向へ行った。ところがな、やがて道がふたまたに分かれておる。

ハテ、どっちへいったもんだろう？　こっちの道に鼻先突きだして嗅げば、そっちから匂うてくる、そっちの道に片足かけて嗅げば、こっちから匂うてくる。

「こっちかな？　いや、そっちかな？」ハイエナは、足を踏み出しては思案し、足を引っ込めてはなやんだ。長いことなやんで、ついには、頭がこんがらがった。

「ええイ！　いっそ、両方いっぺんに行ったらどうだ？」

ハイエナは二本の道にまたがって歩き出した。左足は左の道の上に、右足は右の道の上に置く、こういうぐあいに、と。道はだんだん大きく分かれてくるわなあ、とうとう股が裂けて死んだ。

だから、こんなことわざができた「**肉焼く匂いふたつがハイエナの足を折る**」と。

【注】

肉焼く匂い……(Mũcingũ ĩri yunaga hiti kũgũrũ) ── ハイエナのどん欲さを戒めとしたことわざ。

3　豹の巣窟に入り肉を盗み喰らい身代わりをおいて逃げたこと

あるとき、このあたりに大きな飢饉《ききん》があった。動物たちは、みんな飢えてやせ細っておった。だが、そんなときでも野うさぎは、やせてはおらぬ。ハイエナは野うさぎに聞いた。

「どうしてそんなに肥えてるんだい、いったいなに食ってるんだ？」

野うさぎは言う。

「まあ、明日の朝だまってオレについてきてみろ、エサのある場所をおしえるから」

夜明け、明けるか明けぬ頃だ。野うさぎがまだ寝込んでおるうちにハイエナはやって来たなあ。野うさぎをたたき起こし出かけた。向かったところは豹のねぐらだ。

巣窟の前に立つと、野うさぎは呪文を唱えた「ミミニュ！」。ほら、扉が開いた。中に入ると「キンギテラ！」ほら、扉は閉まった。

巣窟の中には、豹が狩をしてきた獲物がごろごろしておる。二人は夢中で食べはじめた。さて、満腹したところで、野うさぎは言う。

「あにきィ、そろそろ引きあげようぜ。ぐずぐずしておるとあるじの豹が帰ってくるぞ」だが、ハイエナは言う。

「そんなに急《せ》かせるな。オレの腹はどうしてまだまだ、食うたものはどこへ入ったやらわからん」

「そんならお前は食うておれ、オレは帰る。この家《や》のあるじが戻ってきても知らんぞ！」

こう言うと野うさぎは出て行った。外へ出ると唱えた。

「キンギテラ！」扉は閉じた。

野うさぎが去るとまもなく豹が帰ってきた。戸口までくると、中でこういうておる声が聞こえる。

「はて、開けて出るには……、ミニ……？　いや、キン……、キ……？」

豹は外から「ミミニュ！」と唱え、開いた扉の中へ飛び込んだ。

「ヤイ、オレの肉をいつも盗んでおったはお前か！」

くわえてきた狩の獲物を地面に放り出すと、ハイエナを捕らえて外へひきずり出し、道端の木に縛りつけ、洞窟の中へひき返した。

そこへ、仲間のハイエナたちが通りがかり、聞いた。

「ヤア、あにき、どうしてまた、縛られてなんかおるんだ？」

「豹がくれたスープの中に蝿《ギ》が一匹入っておったんで、飲まなんだ。そしたら見てくれ、このざまよ」

すると、仲間の中にいた片目のチビ《カリゾンゴ》がそれを聞いて言うた。

「ボクが飲むよォ、代わりにボクを縛ってくれェ！」

巣窟から出てきた豹は、縛られておるのが身代わりとは気づかず、こっぴどく打った。片目のチビは悲鳴を上げながら叫んだ、

「ボク、蝿のスープ飲むよーゥ！」

豹には、コイツがなにを言うとるのかわからん。片目のチビは死ぬまで打たれた。

【注】
蝿《ギ》(ngi) ― 蝿だらけの環境なのだが、それでも食べ物に入るなどは、不潔というよりは、忌み嫌う。こんなことわざもある。
　空腹の者は一匹のハエを厭《いと》わぬ。(Mundu uhutii ndathuire uri ngi imwe)
困窮している時、必要のある時は、多少のことには目を瞑る。

片目のチビ《カリゾンゴ》（Karithongo）――豹の肉を盗んだハイエナの身代わりになるのが、必ずしも「片目のチビ」である必然性はないのに、なぜ固有の特性のものが出てくるのだろうか。その固有性もまた民話の一つの要素だと言われているが、特に「片目」、あるいは「眇《すがめ》」が、その他大勢と異なった単独行動をとり、その結果、禍あるいは福、いずれかの運命をたどるという話が、東アフリカの昔話によく出てくる。（第二部第一章1話参照）

この話の「呪文をかけて扉を開く」などはあるいはアラビアンナイトから借りた要素かも知れないが、飢饉という背景、ハイエナと野うさぎ、そして片目のチビ《カリゾンゴ》などのキャラクターは、あきらかにこの地のもの。

4　アンテロープを食おうとして亀に裁かれたこと

ある日、人が家畜を追って家路をたどる**生夕暮《なまゆうぐれ》**に、アンテロープは少し涼しい風にあたろうと、杖を持ってでかけて来た。

少し行くと、とある穴の前に**夜が明けた時ほどの**大きな石が転がって入り口を塞いでおるのを見た。穴の中からはうめき声が聞こえる。

「どうした、あにき、塩をなめて水飲まなかったんで糞詰まりかい？」

「たのむ、いろいろ聞くのはやめてくれィ！　先ずはこの石を転がしてどけてくれ、それから何でもこたえるよ」穴の中からこう言うたのはハイエナだ。

アンテロープは、その石がいかに大きかろうと、生まれて以来ためてきた力のかぎりを出して転がした。ハイエナは穴から這い出すことができた。だが、出てくるやいなやアンテロープにとびかかり捕まえた。

「なんだ、なんだ、あにき、酔っぱらっておるのか？」

「酔っぱらっとるだと？　ここで見つけたおまえは絵に描いた藷か？　もう一度言うてみろ、藷はどうやって食うか見せてやろうじゃないか」

「何するつもりだ？」

「一つことのほか、多くはのぞまん。オレはあの石のおかげで二日間穴の中に閉じこめられておった。この腹ん中へ入ってみなけれりゃおまえにオレの空腹《すきっぱら》はわかるまい」

「オレを食う気か？」

「そーォよ、そのとおりよ」

「命拾いはだれのおかげだ？」

「おう、アンテロープよ。おまえは**牧童の妊婦**ほどひもじい目におうたことがあるか？　オレは腹がへって食べ物を探しにゆく力《ちから》もない、おまえを食っても罰はあたるまい。おまえをここで逃がすほどのオレはバカか？」

二人が争うておるちょうどその時、亀がのっこのっことやって来た。

「おいおい、なんのもめ事だね、旦那方？」

亀は、いきさつを聞くと、ひとつわたしにこの裁きはまかせなさい、と言う。

「先ず、アンテロープがはじめにハイエナにどのように出会《でお》うたかというところから見ぬうちは、まっとうな裁きはできぬ」

ハイエナは亀のいうことを、それもそうだと思い、穴の中へもどった。アンテロープとカメはあの大石と格闘しながら必死に転がして、ハイエナの入った穴の入り口を塞ぎ、しっかりとハイエナを閉じこめた。

「さーァ、アンテロープよ、おまえの杖を持って、行きたいところへ行け。さーて、ハイエナよ、このままここに残れ。この石はここ動かんぞ。オレにゃこれ以上の取り計らいは見つからん」亀もそこを立ち去った。

【注】
生夕暮《なまゆうぐれ》——広辞苑によると、【生夕暮】夕暮れになりかけた頃。たそがれ。今昔二八「大いなる蝦蟇ひ

とつありて、――に成りぬれば出で来て」。とある。なぜこの言葉を使ったかというと、原文にkĩhwai-inĩ（ケ　ホワイイネ）とあったから。Kĩhwai-inĩは、夕暮れは来たが、未だ暗くはならない頃をいう。夕暮れは、hwai-inĩ（ホワイイネ）と言うが、それにkĩという接頭辞がついたもの。kĩ（ケ）という接頭辞はしばしば境界的なものごとに付くのがみられる。日本語の生《なま》も、kĩ（キ）と読むことが出来る。その類似性が面白いので、こんな古語を当ててはめてみた。これに限らず、言い回しや擬音語・擬態語などで、ときどきキクユ語の中には、日本語との類似性が発見出来る。例えば、チェーンのことを「ニョロロ（nyororo）」と言う。下に置いたチェーンは、蛇のようにニョロニョロとしているではないか。転がることを「ガラガラ（garagara）」という。日本語でもものが転がるときの表現に「ガラガラ」と言うのがあるではないか。またうろうろ歩く、ぶらぶら歩くことをシャンガシャンガ（cangacannga）と言うが、日本の民話の本の中に「シャンガシャンガ歩く」（『昔話は生きている』稲田浩二著）という表現を見つけて興を覚える。日本語の「シャンガシャンガ」は、どういう歩き方だろうか？

夜が明けた時ほどの――夜が明けると、遠くまですべてがハッキリと見え、広大な世界が出現する。だからこれは大きいということの最大級の表現と聞く。

牧童の妊婦――むかし、昼食をとる習慣はなかった。遠くへ出かける牧童でさえ、食物を携帯しては行かない場合が多い。そのため、夕方には非常に空腹で帰ってくる。また、妊婦も空腹を代表するような人々。そこで、この二つを合わせて、極度の空腹状態の表現と聞く。

5　山羊の骨が喉に張り付き一夜明かしたこと

あるところに、ゲカラという名のハイエナがおった。そいつにゃケモフという女房があった。ある日暮れどき、ゲカラがぶらぶらと歩いておると、里の分限者《ぶげんしゃ》ジアカの旦那のところで、祝いごとの大盤振舞《おおばんぶるまい》があることをききこんだ。かぞえきれんほどの牛、山羊、羊が屠られるそうじゃとな。それを聞いては一も二もない、ゲカラは家へまっすぐに駆けもどった。家へつくと女房がたった今、薪採りからもどったところよ。

「ケモフ！」

「あいよ！」

「すぐ支度しろ、急げ！　これからジアカの旦那のとこへゆく。あそこじゃ今日、山羊、羊が**木っ葉《こっぱ》のように**バッサバッサと屠られるそうじゃ、この好機のがすわけにゃいかん」

亭主のゲカラと女房のケモフは連れだって道をいそいだ、あたかもやむをえぬ**用件**で駆けつける人間のようにな。ジアカの屋敷についたときにゃ、宴も果て、すでに夕刻じゃ。大きな屋敷だ。二人はおのおの逆の向きに屋敷の外をぐるりとめぐり、骨でも臓物でも、なんであれ腹に入るものをさがし、ひろいあつめることにした。

亭主のゲカラは、まったくついておらん。少しばかりものをひろって口に入れたそのなかに、いやに手ごわい骨があったのだ。噛み砕こうとしてもままならぬ。いったん口に入れたものは、けっして出したりせぬのがハイエナのしきたりよ。エイッ、ままよとばかりに丸ごと呑みこんだ。ところが運わるくそいつが喉に張り付いた。あわててやたらと咳きこんだがどうにもならぬ。しばらくすると、疲れきってもはや咳さえできぬようになった。口あんぐり開けたまま地面にひっくりかえった。

骨をひろい集めながらやってきた女房のケモフ、歯をむき出してあおむけに寝っころがっておる亭主を見つけて呼んだ。

「ゲカラよォ、おまえさん！　もうかえろうよ」

だが、返事なんぞができようか。食いすぎて寝こんでおるんだろうとおもうた女房、亭主を残してたち去った。ゲカラもまた、疲れてそのまま寝こんだんじゃ。

翌朝、**マーラが父親を捨てた時**、ジアカの女房の一人が起きだしてきて、ゲカラをみつけるや「これでも食らえ！」と石をひろって投げつけた。石はフルルルルと飛んできた。寝返りを打ったひょうしにゲカラの背中にあたり、ム！　と呻いた。そのとたん、喉に張り付いておった骨がポン！　と外へとび出した。やれ助かった！　一目散に逃げた。家の近くまでたどりついたときにゃもう、あえぎあえぎの息も絶え絶えよ。ときに、出会った仲間がきいた、

「よォ！　ゲカラよ。こんな**グワレの刻**《とき》によゥ、ハアハア息切らして、いったいどこへ行って

おったんだ？」ゲカラは言う。
「いやはやどうもこうも、ジアカの旦那が女房の**悪態に噛みつかれて**おるのを聞いておったら、夜っぴて動けなんだ」

【注】

木っ葉《こっぱ》のように——木の葉のように、あるいは落ち葉のように、というのは数え切れないほど多いという表現に使われる。

用件——「あたかもやむを得ぬ用件で駆けつける人間のように」とは、祝い事でごった返している家のまわりをうろついて、おこぼれを拾い集め、あわよくばどさくさに紛れてなにかをくすねようというあまりパッとしない目的と、黙々と道を急ぐこのハイエナ夫婦の大まじめな様子とのアンバランスを表現して妙。

マーラが父親を捨てた時——これは、夜明け、四時頃、未だ陽も昇らぬ時刻の表現。「むかし、マーラという男がいた。ある日、重い病で臥していた父親が（母親とも語られている）死んだ。マーラはそのことを人には告げず、未だ誰も起き出さぬ夜明けに、父親の死体を丘の中腹の斜面の小道に運んで横たえた。やがて、陽が昇る頃、丘の上から牛飼いが牛の群を追って降りてきた。父親の体は、牛にさんざん踏みつぶされた。その時、物陰からマーラは現れ、父親を牛が踏み殺したとして、牛の持ち主に補償を要求した。マーラは、補償の牛を獲得した。」という民話から出た成句。

グワレの刻《とき》――これも、時刻の表現で、夜明け前のこと。グワレ（ngware……英名Partridge）とは、このあたりで最も普通に見られる鳥の名。むかし、早朝に起きて旅に出なければならない人は、この鳥の声を聞いて時刻をはかった。

悪態に噛みつかれて――実際は、拾った骨が喉に噛み付いて（刺さって）動けなかったのだが、かっこうわるくてそうは言えない。そこで、ジアカ旦那が女房の悪態に噛みつかれておるのを聞いておったら面白くて動けなかった、と言った。

6　肉を食い損ない、毛皮のコートも盗られたこと

あるところに、ケンゲヤという名の**ハイエナ**がおった。どうしようもないヤツだ。**ムワトのように馬鹿なヤツ**だ。

ある日、なかまのハイエナといっしょに叢林《ブッシュ》へ獲物の**肉を焼きに**行った。

ケンゲヤは連中に、やれ薪とってこい、**ダーラ**切ってこい、われらが肉を切りおえるまえに肉焼き場をちゃんとこさえとけよ、な、おまえェ！　なんぞとこき使われ、やっと薪とダーラ切ってフウフウ帰ってくれれば、火を焚け！　だ。火が燃えて熾《おき》ができると、肉をのせろ！　だとよォ。ちょうど肉がほどよく焼ける頃にゃ、肉を食うた口すすぐ水汲んでこい、だ！

行きがけに、ケンゲヤは、いつも羽織っておる毛皮のコートぬいで、かたわらの木の枝に引っかけておいたのよ。夕刻にゃ嬶《かかあ》の実家に行かにゃならん、水場で汚さんようにと、な。

さて、ケンゲヤの影が川へおりる土手のむこうに見えぬようになるやいなや、連中はワッとばかり肉にむらがり、**マウ　マウ　マウ**と喰らいはじめた。肉は、**タバコの爪の間《ま》に**かけらも残さず連中の腹んなかよ。

肉がおわると口々に「シーラナイッ！」と言いすてて、一つ場所《ところ》におるとシラミがわくとばかり、いっせいにずらかった。

連中が消え去ったあとへ、川から駆けもどってきたケンゲヤは、口いっぱいに水を含んでおる。なんと、慌てて出でてきたんで、水入れる瓢箪持ってくるのを忘れたんじゃ。で、おのれの口がそのかわりじゃ。谷間の畑にゃドーマの葉がいくらでも生えておったに、採りに行っておるヒマも惜しかったんだなあ。

もどってみたところが、そこにゃ一片《ひときれ》の肉はおろか、なかまの一人だに影もみえぬ。残骸がとりちらかっておるのみ。ケンゲヤは、ダーラに脚をかけ、肉の脂のしみた一本一本をよくよく舐《ねぶ》り、ねぶりおえる。さて、と見るといっちょうらの毛皮のコート、ない！　ない！　たしかに木に引っかけておいたはず。どさくさにまぎれてだれかが引っさらっていったとみえる。「なんと、オレはこの白日のもとにスッ裸かよ！」だが、そんなことにかまっちゃおられぬ、なかまのあとを追うた。

しばらく行くと道がふたまたに分かれておった。「ハテ、どっちへ行ったもんか、こっち？それとも、あっち？」すこし行ってはもどり、もう一つの道へ。またひき返してもとの道へ。そんなことをなんべんもやるうちに、だんだんひき返すみちのりがおっくうになる。ヤレ、くたびれ果てた。そこでひとつ知恵をはたらかせた。いっそ、二つの道を一ぺんに行くこと、つまり、一方の脚で一方の道を、もう一方の脚でもう一方の道を行けばいいんじゃ、とな。

ケンゲヤの股が裂けて死ぬまでにゃ、いくらも歩けなんだであろうなあ。

【注】

ハイエナ (hiti) ——欲は深いが馬鹿なので、みんなに利用されて、すべてを巻き上げられるのが、ハイエナの性格とされている。

この話のおわりの部分は第2話が挿入されている。このようにアフリカの民話には、他のはなしの要素の一部が、はめ込まれて出来ているものが多く見られる。

ムワトのように馬鹿なヤツ ——ムワト (mwatũ) は、ビーハイヴ (養蜂筒) のこと。ビーハイヴは、蜜を貯めるだけ貯め込んでは、人に浚われて空っぽになる。ハイエナも欲だけ深いが、いつでも脇から浚われてスッカラカンになっている。

肉を焼きに ——儀礼、祝祭には必ず家畜を屠る。そのときは屋敷の中で行われ、食肉の宴には老若男女すべてが加わる。けれども、それとは別に男たちだけで肉を食べることがある。その場合はブッシュの中で屠り、焼く。こんな時、特に年若い者、役に立たない阿呆、意気地なし、などがこのようにこき使われる。

ダーラ (ndara) ——肉を焼く時は、火を燃した熾《おき》の上に、木を組んだ棚を作り、その上に肉を載せて焼く (現在では金網が用いられている)。その棚をダーラという。

マウ　マウ　マウ――ハイエナは獲物を食べるのが非常に速い動物といわれる。マウ　マウ　マウという擬声語はいかにも勢いよく速そうではないか。日本語ではパクパクパクというところだろうか。

タバコの爪の間《ま》に――男たちが集まって、よもやまの談義を交わしながら肉を焼き、食べる。さてそこで、この辺でまあ一服と、たばこ入れの蓋に手を掛ける。すると、いま目の前にあった頃合いに焼けた肉が、ない！　アッという間のこと。と、こんなことから、アッという間の出来事を表現するのに「たばこの爪の間に」と言う。

老人たちは爪を長く伸ばしている。その爪の先でタバコ入れの蓋を剥がし、嗅ぎタバコの粉を少し掌の上に振り出し、一つまみつまんで鼻の先へ持って行き、親指の爪の先を片方の鼻孔にねじ込むようにしながら入念に嗅ぎ、それから、もう一方の鼻孔にも同じようにする。だから「爪」なのである。

ドーマ（ndũũma）――英名をアロールートと言う。太い根茎が地中深く伸びる芋の類。水を好んで育つので、流れのほとりの畑地などに栽培されている。葉は大きく、里芋の葉に似ている。水を飲む人が、この大きな葉を葉柄の付け根からむしり取り、円錐型に丸め、先端を折り曲げ、コップ状にして使う。

そこで、こんなことわざがある。

　行きずりの人のものでない水は、ドーマの葉を切っている間に通り過ぎる。

（Mai matari ma mundu mamuhitukaga agitua ituuma）

通りすがりの者が、水に出会い、慌ててドーマの葉を採りに行っても、その間に水は逃げてしまう、ということ。不運と思うなかれ、それは、しょせんお前のものではなかったのだ。幸運を受け入れる用意のなかった者、またその運勢を持たなかった者からは、チャンスは逃げて行く、という意味。

まあ、このハイエナの場合はそれとは少し異なるが、とにかくドーマの葉はちょっとした容器の代わりになる。水を入れる容器を忘れて行ったハイエナは、「谷間の畑にゃドーマの葉がいくらでも生えておったに」それを採っているひまも惜しくて（早く帰らないと肉を食べ損なうから）自分の口を容器の代わりにした。

7 宣誓《ムウマ》に食われ自滅した三匹のこと

あるとき、ハイエナらは、人間にたいして、もうけっして盗みはせぬ、という宣誓《ムウマ》をおこなったことがあった。

ある日、ハイエナが三匹、飢えて野をさまよっておった。その時、牧童が牛を追って草地から草地へ移ってゆくところを見つけた。ハイエナらは、草むらにかくれて牛が通り過ぎるのを待った。なんとかして、あのなかの一頭をせしめることはできまいか。牛のながい列が通り過ぎ、かなりむこうへ行ったと見るや、連中は草の中からピョコピョコ躍り出た。だれかに見られはせぬかと、後をふりかえりふりかえり、用心しいしい、ソローリ、ソローリと遠くの方から、牛のあとをつけはじめたのだ。

そのうちに、おう、なんと、群れのなかの一頭がだんだん仲間からおくれはじめたではないか。年とって足が弱っておったのだなあ。列からだいぶはずれた頃、とうとうバッタリ倒れたんじゃ。だが、牧童は気が付かず行ってしもうた。

ハイエナらはこおどりしたなあ。

「おい、見ろ！　太っているじゃねえか、脂がのっていそうだぞ」

あの牛を盗んで食おうということになった。

「だが、もう人間たちのものを盗まぬという宣誓《ムウマ》をしただろうが」

すると、一匹が言う。

「よし、この宣誓《ムウマ》を破らぬやりかたがあるぞ」

「どうするんだ？」

「まず、持ち主をさがす。『この牛の持ち主はだれだーア』と呼ばわりながら行くんだ。はじめのうちは大声で、だんだん声を小さくしてゆく。牛のところへ着く頃にはだれにも聞こえぬ、どうだ！」

そこで連中ははじめた。てんでの方角を向いて、そろって大声を放った。

「この牛の持ち主はだれだーァ！」しばらく行ってもう一度、

「この牛の持ち主はだれだーァ！」と少し声をおさえた。

こうしながら、だんだん近づいて行き、牛のそばに立ったときは三匹が頭を寄せあつめてささやくように「この牛の持ち主はだれだ」と地面に声を落としたのだ。

「よし！　これで盗んだことにゃならん。宣誓《ムウマ》は守ったぞ！」

さて、みんなで牛を屠り、一匹は肉を洗いに行った。川へ着き、洗おうとすると、ヤヤッ、もう一匹べつのハイエナが肉を摑んで水面のむこうにおるではないか！　おのれッ、生意気な！　こいつは川のなかへ飛び込んで流された。

残っておった二匹は肉を煮る役だ。そのうちの一匹はかたわらの木の上に登った。肉を煮る匂いを嗅ぎつけてだれかがやって来はせぬかと、見張り番だ。

木の上からふと下を見ると、肉を煮ておるヤツが壺のなかから一切れをとりだして煮えぐあいをみておる。

「ヤッ、こりゃいかん！　ぜんぶヤツに食われてしまう！」

木から降りるのももどかしく、あわてて跳んだ。地面に落ちるひょうしに壺のふちにつま先を引っかけた。グラグラ煮え立っていた壺がひっくりかえり、肉を煮ておったハイエナは煮え湯を浴びて死んだ。木の上から跳んだヤツも、木が高すぎたのでからだを地面に打ちつけて死んだ。

かくして、三匹のハイエナは盗みの**宣誓《ムウマ》に食われて**ぜんぶ死んだ。

【注】

宣誓《ムウマ》（muuma）――宣誓《ムウマ》は、掟を守るための重要な儀式。この話は、宣誓を破った者の行く末を示す教訓。飢えて彷徨うハイエナは、宣誓を破ったことにはならないようにするための策略を考え出して牛を自分たちのものにするが、生来の欲深さのために揃って身を滅ぼすというはなし。

宣誓《ムウマ》に食われる――この伝統社会では「宣誓《ムウマ》を飲む」（誓言、宣誓を行うこと）といって、非常にきびしい儀式を伴った。これを行うのは、窃盗、殺人、他家の娘を妊娠させた、等々の疑いをかけられているか、またはなにかの契りを結ぶ場合など。かいつまんで言うと、宣誓《ムウマ》を飲む者は、証人の前で「もし、わたしがしかじかの事を為したのであるならば、わたしはこの宣誓に食われよ！」「もし、わたしがウソの申し立てをしたのであるならば、わたしはこの宣誓に食われよ！」など誓約の言葉を宣誓する。「飲む」という言葉のとおり、当人のからだの中に入るとされる。だから、その誓言を損なえば、当人のからだの中に入っている宣誓が内部から浸食し、「誓言に食われる」ということになる。つまり、これを破れば人手にかけずともこの誓言そのものがおのずから当人を滅ぼす、例えば、自然に手足が麻痺して、徐々に命絶えるか、不慮の事故に遭うかして、死んでゆくとされている。

このハイエナたちも、不正なやり方で（今行っている行為は一応は所有者を探したのであって、盗みではないから、誓言に反しない、という）この戒めを潜《くぐ》ろうとしたために、「宣誓に食われて」自滅したということである。

8　鴉の仇討ちで一族郎党空へ上がり、ばらまかれたこと

ある日、ハイエナは、ぶらぶらと森を歩いておった。そこでアナグマに行き会《お》うた。

「よゥ、あにきィ！　オレはこれから蜂蜜を採りにいくとこだが、どうだい、一しょについてくるかい？」アナグマが言う。ハイエナがよろこんでついていったことはいうまでもない。

とある木の叉にかかっておる**ムワト**の下へ来ると、アナグマは言う。

「これはなあ、みすみすからだの外へ出すには惜しいほど**うまいもん**なんだ。だから、食うたら外へ漏れぬように、尻の穴を縫うといたほうがいいぞ」

「そうか、じゃあ縫うてくれェ」

アナグマはハイエナのうしろにまわって尻の穴を縫い閉じながら、脇をむいてこっそり笑うた。縫いおわると、木に登った。ハイエナは木の下で、けんめいに**火を焚いた**。アナグマは、

ムワトのなかにいっぱい詰まっておった蜜のうまいところをせっせと食べ、食べながら下のハイエナには、空《から》になった蜂の巣を投げてやった。食べきれない蜜は、持参の皮袋に詰め込んで木から降りた。降りてみると空《から》の巣ばかり食べて腹がパンパンにふくれあがったハイエナが、地面に転がって呻《うめ》いておる。

「なあ、アナグマくん、縫うたところをちょっとだけ解いてくれよーォ、オレ死んじゃうよーォ」なさけない声でたのむハイエナをほったらかして、アナグマは立ち去った。

置き去りにされたまま虫の息のハイエナに目をとめ、飛んで来たのは、鴉だ。

「おう、ともだちィ、どうした？」

「尻を縫うた糸をちょっとだけ解いてくれェー、死にそうなんだよーォ！」

きのどくに思うた鴉は、ハイエナのうしろにまわり、尻の穴を縫い閉じてあった糸を嘴でプツンと切った。

ヤ、そのとたん、大量の汚物がブッと噴きだした。鴉はそれをもろに浴びて全身が汚物に埋まったのだ。

からだの軽うなったハイエナは、わが身から出たものからパッと跳び退《の》き、すっ飛びあとをも見ず、転がるように逃げ去った。だがな、汚物に埋まった鴉は羽をとられて飛び立つこともできん。

二日、三日と、もがきつづけて、もはやもがく力《ちから》も尽き、死ぬばかりになった頃だ、運がついておったんだなあ、どしゃ降りの雨よ。雨が汚物を洗い流してくれたのだ。やっと地獄から抜け出すと、鴉は猛烈に腹が立ってきた。

おのれ、いまに見ておれ！


さて、それからしばらくして、ある日、鴉は森をぶらぶら歩いておるハイエナを見つけた。

「よーォ、あにきーィ、しばらく見かけなんだが、どこぞに行っておったんかい？」すっかりあのことを忘れてハイエナが聞く。鴉は言うた。

「ああ、オレかい？　オレはなあ、ほら、あのずっと向こうの空に白く光って見えるだろう？あそこへ行っておったのよ。宝の国よ、牛、山羊、羊、いくらでもおるぞ！」それを聞いて、ハイエナはもう我慢ができん、牛、山羊、羊、腹いっぱい食うてみたい！　ぜひとも連れてってくれェ、と鴉にたのみこんだ。鴉は承知した。

「よーし、大恩あるおまえのことだ、このさい、おまえのみならず一族郎党みーんなまとめて連れていくぞ、まかしとけェ！」

さて、よろこびに躍り上がりながらハイエナは、仲間のところへ駆けもどり、ふれまわった。

「オーィ、みんなーァ、今からいいところへ連れていくぞーォ、肉がいくらでも食えるぞーォ、入れ物持って集まれーェ！」

ぞろぞろと、老いも若きも、子どもまで引き連れ、手に手に鍋や瓢箪を持ってあつまってきたのだ。

鴉はみんなを一列に並ばせて言う。

「さーァ、これから空を飛んで宝の国へ連れていくぞーォ、オレの言うことをしっかりきいてそのとおりにしてくれェ、先ず、ともだちよォ、おまえはオレの尻尾の羽にしっかり摑まる、おまえの尻尾につぎの者が摑まる、じゅんじゅんに前の者の尻尾に摑まれ、手を放すでないぞォ！」

こうして、鴉は空に飛びたった。うしろにゃ首飾りの玉を繰り出すようにつぎつぎとハイエナがつながってくる。しばらく行って鴉は聞いた。

「オーィ、みんなーァ、地面を離れたかーァ！」

「まだだよーォ！」しばらく行ってまた鴉が聞く。

「オーィ、みんな地面を離れたかーァ！」

「まだだよーォ！」こうして、なん度めかにやっとどん尻の一人が言うた。

「いま、オレは地面を離れたぞーォ！」

鴉の尻尾につながった長いハイエナの列は、空中をうねりながら、なおも高く高く上っていった。そこで、鴉は聞く。

「地面が霞んで見えるかーァ！」

「霞んで見えるぞーォ！」

鴉は、かなり高くまで上ったなあ、とおもい歌いだした。

　おいらの尻尾は抜け落ちる　ホイ　ホイ

鴉のうしろにつながったハイエナどもは、うきうきと唱和する。

　おいらの尻尾も抜け落ちる　ホイ　ホイ

その時だ、鴉の尻尾の羽が抜け、ハイエナも、鍋も瓢簞も、空中に躍り、ドン　バラリと地に落ちて砕け散った。

【注】

嬉々として空へ引き上げられて行くハイエナが、一気に破局を迎えるクライマックスまでの生き生きした描写、このおもしろさは「キクユばなし」ならでは、である。

ムワト（mwatũ）——（第一部第一章1話参照）

うまいもん――欲の深い者が、せっかく食べた「うまい物」をみすみす体外に排出させないために肛門を縫い閉じてもらい、苦しむという話は、よくあるパターンの一つ。

火を焚いた――蜂蜜を採集するには、夜行くか、またはムワトの下で火を焚いて煙で燻し、蜂の活動力を弱めてから行う。

9　己《おのれ》が吸うた甘い汁に己《おの》が身を食われたこと

あるとき、このカボコの里に出没して、ここを去らぬハイエナがおった。よからぬたちの奴でケンガラと名乗っておる。ヤツはつねづねカヘアに、こう宣言しておった。

「このカボコの里できこえ高い分限者なるカヘアよ、今に見ておれ、この界隈《あたり》の野に叫《おら》ぶハイエナ、ケンガラ我《われ》、ここにあり！」

夕刻になると、ヤツはカヘアの屋敷の近くにあらわれる。放牧からかえってきた山羊や羊は、すぐにはまだ中へ入らず屋敷の外で散らばって草を食んだり、走り出てきた仔に乳をやったりしておる頃だ。そのあたりにひそんでおったケンガラのヤツ、飛び出してきて一頭の山羊に跳びかかり、乳房引きちぎり、腹裂き破り、人びとの悲鳴があがるまえにはもう、叢林《ブッシュ》のむこうに跳び、巣穴のなかへ消え、はや影も見えぬ。長いあいだにわたるヤツのこの悪行《わるさ》で、カヘアは多くの山羊や羊を食われた。もう我慢がならん。腹にすえかねたが、さて、このハイエナをどう捕らえるか、よい思案も浮かばぬ。

ある日、カヘアは知り合いの年寄りと話をしている時、日頃のうっぷんを口にした。その年寄りは、よいワナがあるから持ってきてやろうと言うた。

いく日かのち、年寄りはワナを持ってきて、その仕掛け方、肉の付け方なんぞ、よくよく教えてくれた。カヘアはさっそくワナをかけたが、待てど暮らせど、どういうわけかヤツは山羊を盗みにあらわれず、日が過ぎていった。ついに捕らえることはできぬのかと気を落とし、このワナまでが役立たずにおもえた。だが、カヘアが待ちくたびれた頃、ヤツはヒョイとあらわれた。肉のかかっておるところへ来ると、かの**話**のなかのハイエナが、道の分かれめでなやんだように、さんざ思案した、

「さて、焼いた肉から食おうか、生の肉から食うべきか？」

そこで、先ず、焼いた肉のワナに近づいた。鼻面《はなづら》をすり寄せたとたん、口をつけもしないうちに、バタリとからめ捕られた。ヤツは吼えた。その騒ぎでカヘアは眠りを覚まされ、さては、ハイエナがワナに掛かったか、とおもうと、もうゾクゾクした。さらにたしかめようとカヘア

は家を出た。ついにそれは夢ではなかった、カヘアは言う。

「ヤイ、おまえは宣言しおったなあ、『今に見ておれ、このあたりの野に叫《おら》ぶハイエナ我《われ》、ケンガラここにあり！』と。だがなあ、こんどはオレの番だ。なにをかくそう我こそは、カボコの里で聞こえ高い分限者カヘア、ここにあり！　目にもの見せてくれよう。今こそ天下に勝敗を示す時、どういうことか思い知れ！　先ずは、**裁きの廷**《にわ》に出るべし。さあ、明日の朝あらためてそこで会おうぞ」

カヘアは、朝になると**裁きの長**《おさ》たちにあつまってもらい、引っ捕らえてきたハイエナを引きずり出し、言うた。

「さて、わたくしが旦那さま方におあつまり願いましたのは、これここに控えるハイエナ氏とわたくしの申し立てに、お裁きをいただきたいからであります。そのために、ごらんいただいておるように、二頭の牡羊を持参いたしました。一頭はわたくしから、もう一頭はこのハイエナ氏の分とてわたくしがなり代わってお納めするものでございます。お受けくださりませ。して、先ずはご賞味を。そののち、なにとぞお裁きをたまわりたく、お願い申しあげます」

そこで、裁きの長たちは二頭の牡羊を引いて**叢林**《ブッシュ》へ入った。

さて、羊を食べおわり、もどってきた長《おさ》たちは、カヘアとハイエナの申し立てを聞くために、すでに集まってきていた傍聴《ぼうちょう》の群衆のまえに座った。自分のなすべき事の腹は決まっておったカヘア、手には、あらかじめ用意してあった斧の柄が握られておる。ハイエナを死ぬまで打つもりだ。カヘアは問うた。

「さて、これなるハイエナ氏よ。おまえさまはわたしが物持ちであるという評判を聞き知り、わたしの財産を根こそぎにしてやると宣言しておったそうだな。さてそこで、おまえは何をした?」

返答を求められてもケンガラは、しっかりと口を結んだまま、ただ恨めしげに上目遣いでカヘアを見ているだけだ。カヘアは、また聞いた。

「さあ、どうなんだ!」ヤツは黙ったままだ。

「なんとか言え!」カヘアは、斧の柄で耳のうしろを打った。ハイエナは口をあんぐり開けて二声啼いた。カヘアは聞く。

「これこれしかじかの日に、おまえはわしの屋敷に押し入り、仔を産もうとしておる羊を襲った。ヤイ、そうであろうな!」背骨を打たれた。

「これこれしかじかの日に、お前はわしの屋敷に押し入り、仔に乳をやっておった山羊を襲い、乳房引き抜き、仔を攫《さら》って行った。ヤイ、そうであろうな!」首を打たれ、呻いて地面に倒れた。

こうして、ケンガラはカヘアに「これこれしかじかの日に……」云々《うんぬん》と言いたてられながら、そのたびに斧の柄でどこかを打たれ、果てに、息絶えた。

さて、居並ぶ裁きの廷《にわ》の面々にも、このハイエナを助ける術《すべ》がなかった。とにかくなんの弁明もせなんだからなあ。
他人《ひと》から盗った甘《うま》いものが己《おの》が身を食ったのだ。

【注】

話――（第一部第二章2話参照）

裁きの廷《にわ》――村落には、集会や踊りのための公共広場がある。裁判もそこで行われ、誰でもが傍聴できた。

裁きの長《おさ》――昔は、長老たちの中から数人の「裁きの長《おさ》」が選ばれ、人々の紛争を裁いた。紛争の当事者たちは、それぞれ裁きを行う長老たちに羊あるいは山羊を提供しなければならなかった。こんなことわざがそれを示す。

長引く訴訟は貧。（Cira munene ni ukia）

決着が付かなくて、裁判が長引き、度重なると、その度に羊を提供しなければならないので、少しばかりの財産では、痛手は大きい。

すべて裁判は腹から始まる。（Cira wothe wambagiririo na nda）

裁判の行われる日には、先ず、訴えを起こした人々から裁きの長《おさ》たちに羊が提供されることを言っている。重要な仕事に関わる前には、先ず腹ごしらえから、という意味にも、このことわざは使われている。

叢林《ブッシュ》――儀礼・祝祭などで屠られる羊は屋敷の中で屠り、地域の老若男女全体で食べたが、このような、男たちだけが食べる羊は、ふつうブッシュの中で屠り、そこで焼き、そこで食べた。

甘《うま》いものが己《おの》が身を食った――ことわざ（Murio ni wiriagira）より。

楽をして甘い汁を吸っても、ろくなことはない。身の毒にこそなれ薬にはならないということ。

第三章　叢林《ブッシュ》の悪戯者《いたずらもの》

1　解古世《ゲコヨ》の国に死がやってきたこと

むかし、この解古世《ゲコヨ》の国に、まだゲゾモがやって来なかった頃、人は死んでもまた生きかえったのだ。

あるとき、神は人間のゆくすえを決めようとされた。そこで、使者としてカメレオンを人間のところへつかわされた。

「人間には、終わることのない命を与える」というお告げだ。

さて、神からお告げを託されたカメレオンは出かけた。

知ってのとおり、カメレオンはこんなふうに歩くのだ。先ず、片脚を出して地面が沈みはせぬかどうか、そーっと踏みしめてみる。用心しいしい、やおらもう一方の脚を出す。そろーり、そろーり、やって来た。ようやくたどりついたところには、人間たちがあつまって、神のお告げがなんであるかを聞こうと待ち焦がれておる。そこで、カメレオンは口を切った、まあ聞い

てくれ、こんな具合だ。

「か、か、か、かみさまは……こ、ここ、こういわれ……ま、ま、ました……に、にんげんは……」

人間たちは、なにが告げられるかと、シーンと静まりかえり固唾《かたず》を呑んでじりじりと待っておった。

そのときだ、ニャメンディギという小鳥がスイと飛んできて、かたわらの木の枝に止まった。カメレオンがあまりにのろいので、神はもう一人の使者をさし向けられたのだ。カメレオンのようすを見た小鳥は、あきれ顔で言うた。

「おまえは人間に、いったいなにを言わんとしておるんだ？　か、か、か……、こ、こ、こ……、たあ何のこった？　いいか、神様はなあ、こう言われたのだ『人はみな**サイザルの根に行きて**死ぬべし』と」

言い捨てると小鳥はツィと飛び去った。

その日から、人間は死ぬと再び生き返ることはなくなったのだ。


【注】

これは、死の起源に関する神話。アフリカの国々に、この類話は多くみられる。たいていの場合、第一の使者はカメレオン。歩みが遅かったため、あるいは、道草などの自分のあやまちによって伝達が遅れたため、神からもう一人の使者が出される。それは、小鳥、ウサギ、蜥蜴、など動きの速い動物だったので、カメレオンは先を越されてしまう。それが（神の意志か使者のいたずらか）逆のメッセージであったために、人間に死が発生したという話。

ゲゾモ（githomo）――学習という意味であるが、一般には「教会へ行ってキリスト教の教えを受けること」に用いられている。

植民地支配と同時にやって来た宗教支配を受ける以前、この人々にとって死は生者からの隔絶ではなかった。人は死んでも、家族との繋がりを保つし、また死者は子孫の中に生まれ変わっても来る。神が関わろうと関わるまいと、人間はもともと生の連鎖の中の一点だった。

それが、途中から改めて人間に不死を与えるとし、また気が変わって、死すべきものとなすと宣告する神は、いったいどんな神なのだろうか。この話の中のクライマックスであるところの、カメレオンが、どもりどもり、神のお告げを述べ出すユーモラスな描写は、祖先伝来のケレニャガ（ケニア山）の神《ガイ》を否定され、神《ガイ》の降りたまう聖木のモグモを切り倒され、新しく渡来の神を与えられたキクユの人々の戸惑いと、心の滞りを表しているようにも見える。あるいは、なにかを揶揄しているのだろうか。

サイザルの根に行きて……――人は死ぬと地下の国へ行くと信じられていた。植物の根に行くとは、死のことを意味する。日本でも、死者のいるとされる方角を「草葉の陰から」と言うのを思い出す。天国ではない。

＊ サイザルアサ（makongo, mikongoe）——メキシコ産のリュウゼツランの一種。尖端の鋭い尖った肉厚の葉から産出される硬い繊維を採るために、高温の乾燥した地域の農園で栽培されている。その繊維から籠や縄類が生産される。

2 野うさぎ、頭の上に角をつくり付けたこと

むかし、このあたりいったいは森だった。いろいろな草や木が生い茂り、たくさんの動物が棲んでおった。

野うさぎは、叢林《ブッシュ》の中をかいくぐり、草や藪のザワザワという音の間から、森のなかの噂ばなしを聞きとっておったのだ。

あるとき、森のはずれの草地で、**角のある動物**だけの大がかりな集まりがある、というはなしが、野うさぎの耳に入った。日頃からの角突き合いのいざこざを、いちど、まとめて裁かにゃなるまい、ということなのだ。

「こいつはおもしれえや、なにがなんでも覗いてみたい」だが、角はなし、と、そこで一策をかんがえ出した。

「角は作ってつけりゃいい」

いよいよその日がきた。野うさぎは、朝からせっせと泥を捏ね、角の形にまとめあげ、頭の上にとりつけた。

叢林《ブッシュ》を走り抜け、岩場を跳び、森のはずれの草地に駆けつけたときにゃもう、アンテロープ、トムソンガゼル、キリン、サイ、バッファローなどなど、角のある動物がみんな集って、裁きははじまっておった。そ知らぬ顔でそこにまぎれ込んだこの小さなヤツの角が泥だとは、だれ一人気付く者はおらぬ。野うさぎは、うしろの方で、木の枝の上からおもしろそうに、高みの見物よ。

さて、やがて裁きは進行し白熱した頃、太陽もまた高く、真上でカッカと照りつける。とうぜんのことに、泥の角も干上がるわなあ。ズッシリと重かった頭上も、枯れ葉を置いたほどにもたよりない。ひび割れ、いまにも崩れ落ちんばかりよ。野うさぎは気が気じゃない、角の消滅はすなわちここの入場券の無効だ。だが、この裁きの決着を見ずには退場するものか。たまりかねて立ちあがり、つい大声をあげることになった、

「それッ！　急げ、早くやれィ！」

奇妙な発言に、動物たちはいっせいにふり返った、なんと、うしろの木の枝につかまって小

さなヤツが！

この時、角はまさに崩れ落ちんとしておった。野うさぎは、とっさに両手を広げて大見得を切った。

「アーラお見事、世にも妙なる落花の一瞬！」

ハラリ！　角は崩れ落ち、同時に野うさぎも木から跳び、逃亡し、行方をくらました。

【注】
角のある動物——言われてみると、なるほどアフリカには、角を持った動物は多い。キリン、サイ、バッファロー、ヌー、エランド、アンテロープ、インパラ、トムソンガゼル、ブッシュバック……、と華々しいイメージが繰り出されてくる。それにくらべて野うさぎは、姿かたちの地味な動物。だが、人一倍の好奇心と、狡知にたけた戯悪《わるさ》をするそのキャラクターは、動物ばなしの中の一級花形役者。にせものの角の詐欺が発覚したあと、袋叩きにされて突き出されるなどは、野うさぎの性には合わない。そこで、その敗北を一瞬の「見せ場」にすり替え、衆目に目潰しを喰らわせて逃亡したのだった。

3　頭《かしら》にまつり上げられた猿とその子分どものこと

あるとき、猿どもが森へ蜂蜜をとりに出かけた。蜂はみんな蜜あつめに出はらって、ムワトの中は空っぽだったのだ。猿どもは、それッ、今だ！　とばかりにそこへむらがって、なかに貯えてあった蜜をぜんぶ運び出した。

仕事からもどってきた蜂は、蜜が盗まれておるのを知ってふんがいした。

「いったい、どいつがやったんだ？」

「オレは、そいつらを知っとるぞ！」一匹の蜂が言うた。そこで、犯人をとっちめようということになった。

さて、蜂どもは一団となってブゥーンと森の中を飛行していった。途中、いろんな動物に出会う。

「あいつらがやったのか？」そのたびに、この蜂は答える。

「いや、こいつらじゃない」

とうとう猿どもがたむろしているところに来た。

「それッ、やれッ！　こいつらだ！」蜂どもはワッとばかりに襲いかかった。猿どもも、もはや戦うしかないとかんねんして、手に手に棍棒を持ち、蜂に投げつけた、だが、蜂に棍棒じゃなあ！　お互い同士に当たっただけだ。蜂はそこをねらってまた刺す、泣き面に蜂よ。

「みんな、逃げろ！」猿どもは棍棒をほうり出して逃げた。だが、どこへ逃げたところで逃げきれるものではない。

「穴だ、穴へ逃げ込め！」だがなあ、穴にだって蜂は入ってくるわな。そこで一匹のかしこい猿が、川にもぐれ！　と号令した。いっせいに川へ走って行き、とび込んだ。追ってきて猿のからだにまつわりついておった蜂は、つぎつぎと水に流された。

川から出てきた猿どもは、いのちの恩人のこのかしこい猿を、じぶんらの頭《かしら》にまつり上げることにした。

まず、山羊を屠り、**グワロ**を右手首に付ける儀礼を行い、主従の契《ちぎ》りをむすんだ。

これからは、なんであれ頭のするとおりにし、なんであれ頭の言うたとおりに言わにゃならんのだ。

「野郎ども、ナニをしろ！」頭が言う。

「野郎ども、ナニをしろ！」子分どもは復唱する。

「野郎ども、カニをしろ！」頭が言う。

「野郎ども、カニをしろ！」子分どもは唱える。

子分どもはナニカニつけて言われたとおり復唱する。

「野郎ども、オレの言うことがわからんのか！」頭が言う。

「野郎ども、オレの言うことがわからんのか！」子分どもは復唱する。かくして頭は空腹のあまりに死んだ。倒れた頭を見て子分どもは、頭が横になって眠ったものと思い、頭のしたとおりみんなでそこにごろごろ横になった。子分どもも、みんな飢えて死んだ。

【注】

グワロ（ngwaro）――儀礼を行うときは、山羊または羊を屠る。グワロというのは、その時屠った犠牲の動物の皮を一センチくらいの幅に切ったもの。儀礼に関わる当事者たちの右手首あるいは右手中指に巻き付ける。生皮なので自然に丸まって巻きやすくなっている。この行為は、多くの儀礼の中で行われる。これを付けることで、それに関わった人々を浄化するとともに、新しい人間関係の契約の証《あかし》（年齢組、婚姻、養子縁組、など）となることを意味する。この猿の場合は、これが主従関係の契約の証。

4　胴がめり込んだ蟻と鼻の裂けた虱《しらみ》のこと

ある日、蟻と虱は、どちらがうまく踊れるかと、言いあらそった。言いあらそっても埒《らち》はあかぬ。そこで、今度の**ケバータ**のときに、ひとつ腕くらべをしようということになった。

ケバータの日がきて、水浴びのために川へ行った。川へ着くと、服を脱ぎ、踊りの装束をはずし、川岸の草の上に置き、水に浸かり体を洗った。洗った、洗った、こすった、こすった、こすってきれいになり、虱は蟻に言う。

「よう、もう出ようじゃないか」

水から出て、体をかわかした。かわいたところで、服を身につけ、顔や手足に**赭土**《レッドオーカー》を塗り、化粧をほどこした。さて、腰に剣を帯びねばならぬ。踊りのさいちゅうに、剣がずり落ちるのは好かん。蟻は帯革をしっかりと締めた。締めて、締めて、締め上げた。そのうえで、虱に聞いた。

「あにきィ、剣はこれでおさまりがいいかい？」

虱は蟻を見て、言う。

「いや、もうちょっと締めてみろ」

蟻は、帯革を締めに締めた。もうこれでよかろうと、また聞く。

「あにきイ、こんどはどうだ？」

虱は、蟻を見る、よくよく見て言う。

「いやいや、もうちょっと締めてみろ」

蟻は、締めて、締めて、締めあげて、三度めを聞いた。

「あにき、こんどはどうだ？」

虱は、蟻の後ろにまわり、前にまわりしながら、よくよく検分したあげく、言うた。

「いやいや、もうちょっと締めた！」

蟻は、歯を食いしばって締めに締めた。締めた、締めた、締めてとうとう帯革は胴の中にペコンとめり込んだ。

それを見た虱は吹き出した。笑うた、笑うて、笑うて、ついに鼻の先がプッと破裂した。そこで、胴のめり込んだ蟻と、鼻の裂けた虱はもはやケバータに行きそこのうた。

ゆえに、今でも、蟻には胴がない。虱の鼻は裂けておる。

【注】

ケバータ（kibaata）――昔は、踊りの集まりが人々の唯一の娯楽だった。ケバータは、その中の一つ、若者の踊りの集まり。ケバータ（kibaata）とは、マサイのエンキパータ（enkipaata）――戦士が襲撃に出る前に行うダンス——から来たものと聞くが、ここでは、出撃に関係はない。踊るのは若者であっても、老若男女すべてが集う娯楽の催し。特に、見物の娘たちは、お目当ての若者に熱狂するので、若者たちは、この時とばかりに美々しく装う。体には赭土《レッドオーカー》や白亜《チョーク》を塗り、その上から指で模様を描く。踊るたび、駝鳥の羽やライオンのたてがみの頭飾りが揺れ、足首や腿につけたラトルがリズムを刻み、いやが上にも娘たちの興奮をそそった。この話の中では、ダンスにかける若者たちの張り切りようが、描かれている。

ダンスに関しては、多くのことわざが見られる。

めかし込むのはダンスと知れる。(Gakiibatha mikio koi uria karina)

アイツはいやにおめかしにかまけているが、ははあ、つまりどこかでダンスがあるのだな。何らかの現象にはわけがあるということ。

若者たちは、自分の地域のなかだけではなく、どこそこでダンスの会があると聞き込めば、かなり遠くへでも出掛けて行く。結婚相手を探すため。

跳べずに転《こ》けたは石のせいにする。(Muremwo ni ndugo egwatagia nja iri mahiga)

若者が行う高く跳躍するダンスで、跳び損なった者が地面が石ころだらけでつい転《こ》けてしまったよ、などと、負け惜しみを言う。

暗がりは下手も踊らせる。(Gatuma kainagia murigwa)

明るいところでは自信がない。気後れしてしり込みしている者も暗がりでは大胆になる。

赭土《レッドオーカー》——特殊な場所の地中にある土の一種であり、掘り出したあと、女性が磨り石で磨って滑らかにしたものに、油や水を混ぜる。現在でもマサイでは使用され、主として戦士の体や髪に化粧用として塗る。化粧の目的ばかりではなく、油を混ぜて塗れば、寒冷暑熱乾燥を防ぎ、水を混ぜて塗るときは、脂や汚れを吸収してくれるときく。

第四章　鳥と人

1　祈禱師《モンド・モゴ》ジールとその畑を耕す小鳥のこと

むかし、ジールという名の祈禱師《モンド・モゴ》がおった。甘藷《グワシェ》を植える畑をあらたに開墾《ひら》こうとおもうた。雨期が来るまでにはなんとかせにゃならん。

ジールはでかけた。朝早うから、鍬を打ち込んでは、掘りおこし、打ち込んでは、掘りおこした。ともかくも、はじめにきめたひとくぎりだけは終わらせようと思うたが、やれ今日はもうくたびれた、その日は、とちゅうでやめて帰った。

ジールが帰ると、どこからか一羽の小鳥が畑に飛んで来た。ジールがやり残したところを、ぜんぶ開《ひら》墾いた。おわるとどこやらへ飛んで去《い》った。

朝になると、ジールは鍬を持ってまた畑へでかけた。ところが、昨日やり残した土地がすっかりきれいに開《ひら》墾きおわっておるではないか、ヤヤッ！　ジールは怖《お》じた。これはさしずめ霊《もの》のしわざにそういあるまい。

その日は、昨日開《ひら》墾きおわった土地の耕しにかかった。しばらく耕すと、やれ、くたびれた、その日は帰った。

ジールが帰ると、あの小鳥がどこからかと飛んできて、ジールがやり残したところをぜんぶ耕し、おわるとどこやらへ飛んで去《い》った。

あくる朝、また畑がすっかり耕されておるのを見て、ジールはいっそう怖《お》じた、やはり霊《もの》のしわざだったか。ともかく、植えつけはせにゃならん。

ジールはその日をきめた。畑へ行って藷蔓《メレヨ》を切り、植え付けた。中ほどまで植え付けると、やれ、くたびれた、その日は帰った。

つぎの朝だ、また、植え残してあったところがぜんぶ植えおわっておるではないか。そこで、思案した「待てよ、これははたして霊《もの》のしわざなるや？　いや、なにやらあるぞ！」

甘藷《グワシェ》は根づいた。ジールはその育ちぐあいをときどき見に行った。

ジールが帰ると、小鳥もまたどこからか飛んできては、おなじように作物の育ちぐあいをしらべる。

やがて、草とりの時期がきて、ジールがはじめる、小鳥が飛んできてそれをおわらせる、というぐあいだ。甘藷《グワシェ》は育った。ジールは、収穫《とりいれ》の時期をしらべにきては見まわった。

ジールが帰ると、小鳥もまた、収穫の時期をしらべにきては見まわった。

いよいよその時がきた。さいしょの日に、少し掘ってかえった。翌日また行ってみる。するとどうだ、オレが掘り出したものよりももっとたくさんの甘藷《グワシェ》が掘り出されて失せておる！

ジールは、見張りをすることにきめた。

あくる日、いくらかの甘藷《グワシェ》を掘り出し、畑のそとに運び出して置くと、かたわらの叢林《ブッシュ》の中に隠れた。なに者がおれの藷を掘り出して持ち去るのだ？


小鳥は来た。飛び廻っては、突っついて掘り出した甘藷《グワシェ》を、どこかに運んでおる。また、もどって来ては、チョンチョンと飛び廻りながら、せっせと掘り出しておる。


おう、こんどこそ盗人《ぬすっと》を見つけたぞ！　と思うてその日は家へかえった。

つぎの日、この盗人《ぬすっと》の小鳥を捕らえる支度をしてやってきたジール。いくばくかの甘藷《グワシェ》を掘って畑の外に運びだすと、叢林《ブッシュ》にかくれた。まもなく、小鳥は来て土を突っつき掘りはじめた。せっせと掘っておる。そのあいだにジールは、そろりそろりと忍び寄る。ヤ、と引っ捕らえて言うた。

「つまり、オレの藷を今までくすねておったはおのれだな！　この盗人《ぬすっと》め！」

「ちがうよ、オレは旦那の藷なんぞ盗んではおらん。オレの藷を掘っておっただけなんだ」小鳥もまた、開墾し、耕し、植えつけ、草とりさえして働いておったのだから、収穫《とりいれ》もするのはとうぜんだというわけじゃ。

だがなあ、いくらあらごうても小鳥は人にはかなわぬ。ジールは、小鳥を袋のなかへ突っ込んで家へ持ちかえり、壺のなかに入れて蓋をした。ときどき蓋をとってなかを見ては、またもとどおり蓋をしておいた。

　ジールという男には娘が一人あった。この娘は、父親が壺の中に小鳥を飼うておるのを知ったのだなあ、父親の留守中に、そこへ行って蓋をあけては、見ておった。そうして、なかまの娘たちに言う。

「ちょっと、薪とり手伝ってよ」また「ちょっと、水汲み手伝ってよ」と。そこでこう持ち出す、「家へ帰ったら父さんが捕まえた小鳥を見せるから」とな。

　娘らは、小鳥というものを間近で見たことはない。まして捕まえたこともない。おおいに気をひかれた。みんなでジールの娘に手をかして仕事をおわらせた。家へかえると、娘は小鳥を見せた。これがならいになって、しょっちゅうやっておるうちに、ある日、とうとう小鳥は、スキを狙うて逃げていった。だが、この鳥はジールという祈禱師《モンド・モゴ》に呪文を掛けられておったのだなあ、村から出ることができず、さりとてジールの家に戻ろうにも、そこがわからぬ。空をさまよいはじめた。さまようておるうちに、**牧童**らがたむろしておるのを見つけた。小鳥は牧童が遊んでおる近くの木の枝に降りてとまり、歌う。

呪っちゃいないよ

嘲りじゃないんだ
おしえておくれ　ジールの家
祈禱師《モンド・モゴ》ジールだ

牧童の一人が言う。

「シーッ、何だ、ありゃ？　だれかがあっちの木の上で歌っておるようじゃねえか」

牧童らが木の上を見ると、小鳥がとまっておった。小鳥はもう一度歌う。

呪っちゃいないよ
嘲りじゃないんだ
おしえておくれ　ジールの家
祈禱師《モンド・モゴ》ジールだ

知ってのとおり、悪童どものやり方だ、石を拾うて小鳥に投げつけた。

「チクショウ！　あっちへ行っちまえ、縁起《えんぎ》でもねえ！」

小鳥は飛んで去《い》った。こんどは、娘らが畑の番をしているところへきた。小鳥はそのすぐそばの木の枝にとまって歌う。

呪っちゃいないよ
嘲りじゃないんだ
おしえておくれ　ジールの家
祈禱師《モンド・モゴ》ジールだ

娘らは、そっちを見たが、どこで歌うておるのかわからぬ。小鳥はもういちど歌う。

呪っちゃいないよ
嘲りじゃないんだ
おしえておくれ　ジールの家
祈禱師《モンド・モゴ》ジールだ

娘らは小鳥を見つけると「チェッ！　あっちへ行け！」草を投げつけられて、小鳥は飛んで去《い》った。

しばらくさまようて、女房たちが牛舎の掃除をしておるのを見た。かたわらの木の上にとまって歌う。

呪っちゃいないよ
嘲りじゃないんだ
おしえておくれ　ジールの家
祈禱師《モンド・モゴ》ジールだ

小鳥は、牛糞を投げつけられて飛んで去《い》った。
若者らが新地を開墾《ひら》いておった。近くへ行って歌う。

呪っちゃいないよ
嘲りじゃないんだ
おしえておくれ　ジールの家
祈禱師《モンド・モゴ》ジールだ

若者らは、泥を投げて追い払うた。小鳥は逃げて去《い》った。
こんどは、ある屋敷の庭の木陰で酒を飲んでおる数人の男らを見つけて、そばの木に降りてとまり、歌う。

呪っちゃいないよ
嘲りじゃないんだ
おしえておくれ　ジールの家
祈禱師《モンド・モゴ》ジールだ

ところが、その男らの中にはジールもおったのだ。呼ぶと、小鳥は飛んできた。ジールは**牛**《ル》**角**《ヒ》**盃**《ア》をさし出して**酒**を飲ませ、残りは土に振り撒いた。そして、小鳥を袋の中へ突っ込んで家へかえった。

【注】

美しいメロディーのついている挿入歌とともに、なんとも不思議なムードで流れて行く物語。挿入歌は、その話のクライマックスや、主題を示したり、そこで気分を盛り上げたり、話の時間を引き延ばしたりと、大切な役目をする。話の内容がよくわからない小さな子どもでも、なじみの歌の出てくる時を、ワクワクしながら待つ。

祈禱師《モンド・モゴ》（mũndũ mũgo）——呪術師《まじないし》・呪医・祈禱師・占い師などをいう。このような共同体にあっては、異世界と繋がりを持つモンド・モゴと、火の中からものを生み出す鍛冶屋は、常人にない力を持つとされ、特殊な立場にあり、一般の人々とは少し離れた場所で生活を営んでいた。この祈禱師《モンド・モゴ》ジールも、仕事のかたわら少しばかりの畑を一般農民と離れた場所に持ち、耕していたのだろうか。また、白昼の無人の畑に飛んできて、せっせと畑仕事にいそしむ小鳥というのも、奇妙な、また幻想的な風景。ちなみに、東南に住むカンバ人には、逆に、人間がきれいに除草をして帰って行くと、小鳥が来て元通りに草を生やしてしまう、という話がある。

開墾――新地の開墾は、先ずブッシュの木を伐り払い、木の根を掘り起こし、耕地の外へ出し、石ころを掘り出し、拾い出して耕地の外へ出し、そのあとの地面を大きくザックリ、ザックリと粗く掘り起こしてゆく、そこまでが男の仕事。そのあと、土を細かく均して畑地にするのは、女の仕事。男が開墾をしたあとの、植え付け、除草、収穫などの農作業は、ふつうは女性の手で管理される。

藷蔓《メレヨ》(mĩrĩyo)――甘藷の植え付けには、この藷蔓を短く切ったものを土に植える。地中の藷蔓から根が発生する。

収穫《とりいれ》――熟した甘藷が埋まっているところを「寝ている場所」(kĩrarĩro)という。藷が地中で熟れると、地上の土に亀裂ができる。その亀裂の脇の方を気を付けて掘ってみて、大きいものだけを取り出す。小さいものは残す。地下に残る藷を傷つけると、そこから水分が入って柔らかくなり、その藷は多くの芽を出す。そうなると、その藷に養分を取られて、そのあたりの他の藷は、味が落ちるので充分気を付けなければならない。掘りだした藷を分散しておくと、葉の陰で見えなくなるので自分の掘った甘藷は山に纏めて畠の外の見やすいところに置く。

牧童（及びその他の人々）――ジールは「これは霊《もの》の仕業か？」と怖れながらも労働力の援助を受けていた、だが、収穫をごっそり持って行かれたのではたまらない。とうとう「泥棒」を捕まえてしまう。ジールに捕らえられた小鳥は、ある日、逃げるが、もちろん呪文がかけられているので村から出ることは出来ない。帰るところもわからない。空を彷徨いながら人影を見つけては、降りて行き歌う。放牧をしている牧童たち、作物を食べに来る鳥や獣の見張りをしている娘たち、牛舎から糞や尿を掻きだして掃除をし、集めた牛糞を畑の肥料に撒く女たち、ブッシュの開墾をしている若者たち、木陰で酒を飲んでいる老人たち、これがこの共同体の中でのそれぞれの日中のありよう。これらが小鳥の見た里の人影。

呪う――鳥のなかには、凶事を予告するといわれるものがある。そのため、近くで鳥に鳴き立てられることは、たいてい忌み嫌われる。どこへ行っても追い払われる。だから、鳴き立てるけれど「呪っているのでもない、嘲っているのでもない、聞いておくれ」と、この鳥は言っている。日本でのように小鳥の姿、鳴く音を愛でる風習はない。特に一晩中鳴いているフクロウは、死の使者として嫌われる。よく「ウォーン、ウォーン」と長泣きしている子どもなどに「死の呪いのように泣くな！」などと言う。

牛角盃《ルヒア》(rúhia)――牛の角の中の軟骨を掻き出し、酒のカップとして用いる伝統容器。

酒――こうして、ジールの手のうちに戻った小鳥に、ジールは酒を与え、残りは地にこぼす。酒を地にそそぐ、あるいは地に振り撒くという行為は、かつては家族であった死者たちと、飲食を共にするという意味もある。この小鳥は、もう一つの世界から現れた霊《もの》だったのだろうか。

2　人喰鬼《イリモ》の産婆で子を産んだ鍛冶屋の女房と、鳩のこと

むかし、解古世《ゲコヨ》の国に、子を身ごもっておる女房があった。亭主は女房を残し、遠いところの鍛冶場へ稼ぎにいっておる。女房にちょうどその気《け》のはじまったとき、亭主の留守をねろうておった**人喰鬼《イリモ》**がはいり込んだのだ。

ハイエナが去れば狐が転げまわる

女房は人喰鬼《イリモ》の産婆で子を産んだ。そのときから、人喰鬼《イリモ》は、産後の女の**たべものの世話**をしたんじゃ。女と赤子をもうすこし肥《こ》やしてから食おうと思うたのだなあ。まいにち薪木とり

に行って、かえってくると粥を温《ぬく》め、女に食わせようとする。

女に椀《ケウゴ》をさしだして言う。

「さあ、食え、産女《うぶめ》！」女が椀《ケウゴ》を受けとろうとすると、椀《ケウゴ》は女の鼻先をかすめただけで、人喰《イリ》鬼《モ》の口もとにそれてゆく。

「お前がいやならオレが食う」

人食鬼《イリモ》は粥をじぶんの口にあおり込む。朝に、晩に、こうだ。

「さあ、食え、産女《うぶめ》！　おまえがいやならオレが食う」

女は日に日にやせ細っていった。赤子にやる乳もようは出ぬ。人食鬼《イリモ》の留守に壺の底浚《さら》うてようやく生きておったのだなあ。


あるとき、女房は蓖麻《バリキ》の種を日に干しておった。そこへ鳩が来て種をついばみよる。女房は鳩に問うた。

「蓖麻《バリキ》の種を食べよるそこな鳩よ、ひとつおまえに使いを頼まにゃならんが、きいてくるるか？　きいてくるれば、蓖麻《バリキ》は好きなだけ食べさしょう」鳩はきいた「どこへ行けばいいんだ？」女房は言う。

鳩よ、鳩、おまえの行く先わたしゃ知らぬ、翼もつおまえが探せ

東のかたに　**鍛冶屋**は住むか
西のかたに　鍛冶屋はおらぬか
野ゆき　山ゆき　空から探せ、槌打つ音をきいたなら
そこへ降りてなあ　この歌うたえ

槌打つ鍛冶屋　シャンガラライシャ！
はよ打て鍛冶屋　シャンガラライシャ！
おまえの女房は子を産んだ　シャンガラライシャ！
人喰鬼《イリモ》の産婆で子を産んだ　シャンガラライシャ！
「粥食え産女《うぶめ》」　シャンガラライシャ！
「お前がいやならオレが食う！」　シャンガラライシャ！

鳩はとびたった。空をさまよい、ある山あいに槌打つ音をききつけた。
そこに降りてなあ、かたわらの木にとまり、歌う。

槌打つ鍛冶屋　シャンガラライシャ！
はよ打て鍛冶屋　シャンガラライシャ！

シャンガラライシャ！

おまえの女房は子を産んだ
シャンガラライシャ！

人喰鬼《イリモ》の産婆で子を産んだ
シャンガラライシャ！

「粥食え産女《うぶめ》」

シャンガラライシャ！

「お前がいやならオレが食う！」


鍛冶場は、鞴《ふいご》の風、火花、噴き上がる蒸気、男が火の中から、ものを生み出す場だ。みだりに人は立ち入れぬ。鳥なんぞに啼きたてられては気が散るわ。

「クソッ！　うるせえ鳥め！」鳩は石を投げて追い払われる。だが、また来て啼く。追われても、追われても来て歌う。なんどめかに、そのことばがフト一人の男の耳にとまった。

「ハテ？　この鳥は妙なことを言うておるようだが……、オイ！　ひょっとすると……、身重の嬶《かか》を家に残してきた者はおらんか？」

「おう、オレだ！」かの亭主は、ハッとして仕事の手を止め、鳩の歌に耳をそばだてた。

仲間がどなった。

「はよ行け！　すぐ行け！」

亭主は慌てて荷をまとめ、剣を帯び、槍を担ぎ、仕事場を走り出た。昔はなあ、男は旅するときにゃ、武器を身につけてあるいたもんだ。走った、走った、家へ走り込んで女房に会うた。ちょうどそのとき、人喰鬼《イリモ》は薪木採りにいって留守だったのだ。

女房は、亭主に人喰鬼《イリモ》のしうちを言うてきかせた。亭主は槍を手にして**火棚**《イタラ》のうえにのぼり、かくれて待った。

そこへ、かえってきた人喰鬼《イリモ》、薪を背からドサッと降ろす、外から家の中の女に声をかける。

「そらッ、産女《うぶめ》よ、おまえもこのようにドサッとひっくり返って、はよくたばれ！」女はそれに答えて言う。

「人喰鬼《イリモ》よ、おまえもな！」聞いた人喰鬼《イリモ》はギョッとしたようだ。

「産女《うぶめ》よ、まるで亭主の鍛冶屋が、かえってきておるようにでかい口をきくじゃねえか？」

人喰鬼《イリモ》は、なにやら気になったが、それはさておき家の中へ入ってくると、粥を温《ぬく》め、つねのように言う。

「さあ、食え、産女《うぶめ》！」女房が椀《ケウゴ》を受けとろうとすると、サッと引っ込め、じぶんの口に持っていく、あおり込む。

「おまえがいやならオレが食う」

亭主は炉端に座っておった人喰鬼《イリモ》に、火棚《イタラ》の上から槍を投げた。槍は口から腹へ突き通した。

「ワァッ！　オレは**腹で死ぬ！**」

これで話はおしまいじゃ。

【注】

これは、最もよく知られたキクユの昔話。したがって、この話の語り方はさまざま。あるおばあさんが語ってくれたものからこのかたりくちを得た。

人喰鬼《イリモ》（irimũ, pl.marimũ）――（6頁参照）

ハイエナが去れば……（Hiti ciathii mbwe ciegangara）――ことわざ。日本にも「鼬《いたち》なき間の貂《てん》誇り」という諺がある。自分より強い者のいない間、空威張りする者のことを嘲笑するのに用いる。

たべものの世話――女が子を産むと、産婦は近隣の女たちから四日間食餌の世話を受ける慣習《しきたり》がある。

椀《ケウゴ》――円形の瓢箪を半分に割ったもので、大きいものはボウルとして、小さいものは皿や椀として用いられる。

産女《うぶめ》――イリモは、この女にワガシアレイ（wagaciari）と呼びかけている。これは、「子を産んだ女」という意味。日本語で「子を産んだ女」では説明的で直截《ちょくせつ》的な言葉の力に欠けるし、「産婦」では事務的だし、いずれもこの物語には向かないので、『今昔物語集』などに出てくる「産女《うぶめ》」と言う古語を借りてきた。ちなみに『今昔物語集』にも人食い鬼に世話されて子を産む話がある。（巻第二十七　本朝、附霊鬼「産女《うぶめ》、南山科に行きて鬼にあひて逃げし語」第十五）

蓖麻《バリキ》（mbariki）――ヒマの実。火に掛けて油を採る。この油は、儀礼の折に女性のからだに塗ったり、また、ふだんでも乳幼児の皮膚を保護するために塗ったりと、食物ではないが、重要な生活物資。だから、子どもたちにも親しい風物だったのだろう、これに関したなぞなぞが多く見られる。

あっちでも　シャッ！　こっちでも　シャッ！　――日照りの蓖麻《バリキ》
（Murimo uria naca! noyu ca!）　（Mbariki cia riua）

畑の蓖麻《バリキ》は、実が熟れても、うっかり放置すると、日照りにはじけてみんな飛び散ってしまう。だから、はじける前に収穫しなければならない。シャッ！　というのは実のはじける音。

おまえの庭じゃいちにちドゥーモ？　――蓖麻《バリキ》
（Haanyu hatinda nduumo nja?）　（Mbariki）

ドゥーモというのは、女性のダンスの一種の名。収穫した蓖麻《バリキ》は、庭に広げて日に干す。実は日に焙られて一日ピチ、ピチ、と弾けながらうごめいている。ドゥーモを踊っているよう。

鍛冶屋――火から武器や農具などを生み出す能力を持つので畏敬され、普通、人々と少し離れて住んでいた。そのため、夫が遠くの仕事場に稼ぎに出た留守に、この妻がイリモに狙われたのであろう。

火棚《イタラ》（itara）――イタラとは、炉の上の天井に、木の枝を組んで作られた棚。

　火棚《イタラ》の薪、炉の中の薪を笑う。（Kari itara gathekaga kari riiko）

こんなことわざがあるが、日本の諺「青柿が熟柿を弔う」のような意味。ここに生木や収穫してきた黍《きび》などを載せておいて、乾燥させる。

単純な造りの伝統家屋には、かくれる場所もない。だから、東アフリカの昔話の中ではここだけがしばしば人のかくれ場所に使われる。

日本にも火棚《ひだな》というものが囲炉裏の上にあり、民話の中にも、その上にかくれるはなしがある。

――そこで男は大急ぎで火棚《ひだな》の上の橡俵《とちだわら》の中に入って匿れた――（『聴耳草紙』）

腹で死ぬ――槍を喰らった「腹」は産婦の食物をとりあげて喰った「腹」でもあるという意味。

3　雛を殺された小鳥と子を殺された女のこと

あるところに、一人の女がおった。ある日、穫《と》り入れのすんだ黍を庭にひろげて日に干しておった。すると、そこへ一羽の小鳥がとんできては、その黍を突っつき散らしよる。女がちょっとそこをはなれると、もう食い荒らされておる。女は腹をたてた。

「あいつはいったいどこに巣くっておるんだ？」

そこらを探した、あった、穀物庫《イコンベ》のひさしに巣をかけておったのだ。しかも巣の中には、卵が五つならんでおる。

やがて、卵から雛が孵《かえ》った。女が干す黍はもっと食い荒らされるようになったんじゃ。小鳥が巣のなかの雛に運んでゆくからだ。

女は、いっそう腹をたてた。「あいつの子を殺してやろうか！」

ついに小鳥の留守を狙《ねろ》うて巣をむしりとり、地面にたたきつけ、雛を殺した。

かえってきた小鳥は、地面にたたきつけられておる雛と巣を見て、思うた。

「オレだって、あの女の子を殺さでおくものか！」

女もまた、身ごもっておったんじゃなあ。

さて、いよいよ女は子を産み、四日め、この日は母子《おやこ》ともに**剃髪**の日だ。

この母子に剃髪をさせ、母子を浄め、出産の祝いをするために近所の女たちが集まってきた。

屋敷のなかは祝いのふるまいの支度だ。人々が賑々《にぎにぎ》しくたちはたらいておる。

いっぽう、小鳥もまたこの日は、忙しい日じゃ。朝も早うからあっちへとび、こっちへとび、とびまわっては色とりどりの羽をひろいあつめて尾にさし、花を摘んでは頭にかざし、木の実をつないで首に下げ、せっせとめかしつけ飾りつけておったのだなあ。できあがったところで、川のほとりに立つ木の枝にとまった。

祝いごとにつかう水は、剃髪にしても、肉を煮るにしても、朝早う流れから汲んできた新しい清いものでなければならぬ。この朝は、水汲みに先ず一人の女が川のほとりに降りてきた。そこで、このせいいっぱい派手に着つけた珍妙な小鳥が女の目にはいった。水を汲むのも忘れて、ポカンと口をあけて見ておった。その時、土手の上のほうから呼ぶ声がした。

「よーォ、**ワイグァイネー**、ワイグァイネー！」と。その声にこたえて、木の上で小鳥が歌いだした。尾を振り、首振り、羽を振り、枝から枝へとび移り、踊りながら歌うのだ。

ワイグァイネー　ワイグァイネーと呼ばわって来る
そこのかあさん　ちょっと見てごらん！
わたしゃここらで一番の小鳥よ
ひがな一日踊って暮らす
　それ！　チ　チ　チ　チ　チッ
それ！　チ　チ　チ　チ　チッ

土手から降りてきたその女もまた、そこへ座りこんで、仰向いて口をあけて見ておった。水が来ねば、祝いの支度はすすまぬ。陽は昇った。水汲みに行った女たちはいったい何をしておるのかと、家に残っていた者たちもつぎつぎに降りてきた。

「よーォ、ワイグァイネー、ワイグァイネー！」

小鳥は、いっそう励みがでて、それにこたえる。

ワイグァイネー　ワイグァイネーと呼ばわって来る
そこのかあさん　ちょっと見てごらん！
わたしゃここらで一番の小鳥よ
ひがな一日踊って暮らす
　それ！　チ　チ　チ　チッ
それ！　チ　チ　チ　チッ

こうして、女たちがみんな出払って、赤子の母親ひとりだけが家に残った。

「冗談じゃないよ！　もう陽も高うなったというに、いったい何しておるんだ？」

女は、寝ておる赤子をひとり残したまま家を出た。土手を降りながら呼んだ。

「よーォ、ワイグァイネー、ワイグァイネー！」小鳥はこたえた。

ワイグァイネー　ワイグァイネーと呼ばわって来る
そこのかあさん　ちょっと見てごらん！
わたしゃここらで一番の小鳥よ
ひがな一日踊って暮らす
　それ！　チ　チ　チ　チッ
それ！　チ　チ　チ　チッ

この女もまた、この面白いみものに気を引かれ、みんなの後ろに腰をおろした。

ソラッ！　その時だ、小鳥はやにわにとび立ちまっしぐら、女の家へ向かい寝ている赤子の目を突っつき抉《えぐ》った。赤子は死んだ。小鳥はいずこへとも知れず飛んで去《い》ったということじゃ。


【注】

これも、キクユ人のポピュラーな昔話の一つであるが、面白い構造が見える。屋敷の中の一軒の家屋に住む女と、その屋敷の中にある穀物庫《イコンベ》の一つの軒下に巣を掛けている小鳥。収穫した黍を干す作業をする女と、食物として黍を取り込む作業をする小鳥。身ごもっている女と卵を抱く小鳥。出産祝いの支度で忙しい人々と、人々に見せるショウ（実は女の赤ん坊を殺すため）の支度に忙しい小鳥。そして雛を殺した女と、女の子を殺す小鳥。と、こんなふうにすべて対称になっているかに見える。

剃髪——むかしからの慣習《しきたり》では、子どもが生まれると、その子が男ならば五日目に、女ならば四日目に、母親は里方の老婦人の手により、子は母親の手により、剃髪が行われた。古い毛髪を捨て去ることにより母子ともに産の穢れから浄められるとされる。そして、この日が出産の祝いの日になる。出産からこの日まで産婦の食餌の世話などをするために集まっていた近隣の女たちは、この日に介護を切り上げ、日常に戻る。さまざまな伝統儀礼の中の多くにこの「剃髪」という浄め過程は組み込まれている。

ワイグァイネー——川へ水汲みに来た女の名。主人公の名さえわからないこの話の中で、たいして重要な役目もしていないこの女の名だけが、「ワイグァイネー、ワイグァイネー!」と、何度も何度も執拗に連呼されるのも、なにかの警鐘のようにみえる。

4　死から蘇り再び死んだ娘と森の小鳥のこと

解古世《ゲコヨ》の国に、ワコニョという娘がおった。あるとき、娘は重い病《やまい》にかかった。親たちは、あっちの**祈禱師《モンド・モゴ》**こっちの祈禱師《モンド・モゴ》と、ぜんぶたずねてまわって、どうしたら癒えるかと問うたり、悪霊《ゴマ》を祓う祈禱をしてもろうたりしてみたが、だれ一人なおせる者はおらぬ。ついに、病人はみはなされて「神の手にゆだねよ」と親たちは告げられた。

ある日、とうとうワコニョに命のおわる時がきた。娘はもう、死ぬしかないと知った親たちは、死に場所の**森へ運んだ**。昔はなあ、まだ**ゲゾモ**がくるまえのことじゃが、今のように土に埋めることはせず森へ遣《や》った。人が家のなかで死ぬことはたいへんな穢《けが》れだったのだ。もう死ぬとわかれば、まだ息をしておるうちに森へ運び、そこで死をむかえさせた。死んだあとはハイエナが肉を喰らい、骨を浚《さら》い、その場を浄めてくれたのじゃ。

ワコニョは、雨にあたらぬようにと、わずかの草で屋根を葺いた仮小屋に、薪と火と、小さな壺の水と、瓢簞《カイフリ》のなかに入った少しばかりの食べ物をそえて、そこに残された。せめて、飢えや寒さで死なせることはせなんだという、親たちのなさけ、いや、つらい気やすめじゃ。

やがて、夕べの風の寒さに、ふと生死《いきしに》の際《きわ》からもどった娘は、森のなかに一人寝かされておるのに気がついた。じぶんはもう死ぬとしてここへ運ばれて来たのだ、もう死ぬんだなあ、とおもうた。娘はすこし水を飲み、また深いねむりに落ちていった。

その時、かたわらの木のうえで、一羽の小鳥が、娘がまだ死んではおらぬのを見ておった。小鳥は薪をあつめてきては、どんどん火を焚き、火傷《やけど》をさせぬように気をつけながら娘を暖《ぬく》めた。夜が明けると、水を汲んできた。ワコニョの家までとんでいって、穀物倉から黍《きび》や稗《ひえ》をもちだし、穀粉粥《オショロ》までつくって食べさせたのだ。

物音に、気がついた娘は、身のまわりでうごくものの気配をふしんにおもうたが、だれか？と問うちからもなく、またねむりに落ちる。


小鳥は、娘をせっせと看《み》とって、どうやら死からは引き止めたようだ。

そこで、娘のやまいを癒やすにはどうしたらよかろうかと、祈禱師《モンド・モゴ》をたずねた。祈禱師《モンド・モゴ》は、小鳥に一本の鎖をあたえ、言うた。

「この鎖を娘の首にかけよ、されば娘の病《やまい》は癒えるであろう。だが、もしも娘の家の者が、おまえののぞんだ物をおまえに与えざれば、そのときは、この鎖を娘の首からとり去れ」

小鳥は、その鎖をもって娘のところへとんでかえり、首に掛けた。病《やまい》は日に日に癒えていった。

ある日、一人の男が放牧をしておったときだ、かなたの森のあたりから煙のあがるのを見つけた。ちかづいてみた。

「アリャ！　あのあたりは、われらがワコニョを捨てたところじゃあるまいか。火が燃えておるということは、ひょっとして、娘は死んではおらぬのじゃなかろうか？」

　行ってみると、小鳥が、焼いたバナナを娘にあたえておった。男は放牧ちゅうの山羊も羊も放りだしてとんでかえり、親たちや身内にふれまわった。

「オーィ、ワコニョは死んではおらんぞーォ！」

　みんなで行ってみると、娘は生きておった。生きかえったのだ。むかえに行った父親は、娘を**女屋**《ニョンバ》に入れるまえに、**牡羊を屠り**、悪霊を祓った。いったん森へ運んだのちに生きかえった者は、生きかえっても死の穢れが憑いておるとされておった。だから、家へ入れるまえに羊を屠り悪霊を祓い、祈禱師《モンド・モゴ》を呼んで、**吐瀉の儀式**をしてもらわねばならぬ。いったん死んだとされた者のからだから穢れ《ザフ》を追いだしてもらわねばならぬ。そのまま家に入っては家人に悪い霊《もの》がとり憑かぬやもしれぬからなあ。娘は、祈禱師《モンド・モゴ》から吐瀉の儀式を受けてからだの中のものをぜんぶ吐かせられた。

　家に入ると、娘は母親に言うた。

「毎朝、かかさず穀物倉のあたりに黍《きび》を撒いといておくれ。わたしを助けてくれた小鳥が食べに来るから」

そののち、大きな飢饉がきた。父親は、母親に言うた。

「庭に黍《きび》を撒くのはやめよ、たくわえはもう僅かしか無いのだ」

朝、とんできた小鳥は、そこになにもないのを見て、歌う。

　ワコニョよ
　森へ行こう
　行かぬなら　その鎖
　返しておくれ

父親は、これを聞いて子どもらに言うた。

「うるさい鳥め、まいにち、まいにち。石を投げておっぱらえ！」

子どもらは石を投げた。小鳥はとんで去《い》った。

あくる朝早く、また小鳥がきて歌う。

　ワコニョよ
　森へ行こう
　行かぬなら　その鎖

返しておくれ

それを聞いた子どもらは石を投げた。小鳥はとびたち、女屋《ニョンバ》の屋根のてっぺんにとまり、また歌う。子どもらはまた石を投げた。小鳥は家の戸口からなかへとんで入り、**炉石**の上に立ち、歌う。

母親は、泣きだした。家の中にはこの鳥にやる黍の一粒だになかったのだ。父親が穀物倉を閉じておったからじゃ。

小鳥は、なんども、なんども歌い、あげくに、娘の寝部屋へ入り、寝ておるワコニョのからだの上にすっくと立ち、喉を揚げて高らかに歌うた。

父親が投石器を持って入ってきた。小鳥は、やにわに娘の首から鎖を引っ攫い、とんで去《い》った。ワコニョは、ふたたび病み、死んだ。

【注】

祈禱師《モンド・モゴ》（mũndũ mũgo）——むかし、人が病に罹るのは、流行病と風邪以外はすべて悪霊、人の呪い、あるいは何らかの穢《ザフ》れを被ったせいとされていた。そこで、祈禱師《モンド・モゴ》（祈禱師、呪術師、占い師など）に原因を尋ね、その指示に従ってお祓いなり、その他の処置なりをとった。

森へ運ぶ――むかしは、人が死んでも、富者と高齢者だけが埋葬された。若者や子どもを埋めることは、生殖の力《ちから》を埋めることになると怖れたから。人が重い病におちいり、もう回復の見込みがないと見られると、家の中で死の穢れが発生することを避けるために、森へ運んだ。家人あるいは身内は、仮小屋を立て、せめて夜の寒さで死なせるのではないようにと、火を焚き、場合によってはその場に付き添い、最期を見送り、なきがらをそこに残して立ち去った。あとは、ハイエナが片付ける。

ゲゾモ（gĩthomo）――学習という意味。一般には「教会へ行ってキリスト教の伝道を受けること」に用いられている。「ゲゾモが来る前」とは、キリスト教が到来する以前という意味。

女屋《ニョンバ》、牡羊を屠る――むかし、数人の妻を持っていた男は、妻の一人一人に独立した家を与えていた。そこは、妻の一人と数人の子どもたちが寝起きをしている場所。その家屋の中には、娘部屋《ケレレ》（Kĩrĩrĩ）があった。一度死んだとされた娘を再びそこへ入れるには、娘の死の穢れを浄めなければならない。浄めに必要なのは羊の胃内容物《ターザ》や脂。そのために羊を屠る。

吐瀉の儀式（ndahikio）――なんらかの穢《ザフ》れを被ったと思われる人間に対し、祈禱師《モンド・モゴ》が行う浄めの儀式の一つ。呪薬と羊の胃内容物《ターザ》と薬草などを混ぜた水を、当人に飲ませ、地面に掘った穴の中へ吐かせる。そこで、その患者は、体内の穢れ、邪悪を、すべて吐き出し、浄められたとされる。
むかし人々は、死の穢れを非常に怖れた。死者に触れた者、死の家に入った者は、「吐瀉の儀式」を受けなければならない。

炉石（mahiga）――炉は、三つの石で囲んで作られている。その中で火を焚き、調理をする。この炉は、家の象徴とされる。女は結婚し、家を持つと先ず炉をしつらえ、新しい火を作る。その家の女主人の命のようなもの。その炉石の上に鳥が立ったということは、この鳥の激しい宣言なのだ。だから、母親は怖れて泣いた。

第二部　魔物話《イリモばなし》

第一章　人喰鬼《イリモ》の国

1　人喰鬼《イリモ》の木でマトゥーヤ摘んで、袋の中に入れられた娘のこと

むかし、解古世《ゲコヨ》の国には、木が生い茂り、**マトゥーヤ**がたくさん実をつけておった。なかでも一本、**人喰鬼《イリモ》**の持つ木はとくべつ大きな木で、実がたわわに生《な》っておった。

ある日、マイナ家敷の子どもらは、みんなでマトゥーヤを摘みに行こうというて、でかけた。森につくと、二人ずつ組になり、そのうちの一人は目をつぶり、一人は目をあけておる、目をつぶった方に実をさわらせ、目をあけておる方がつぶった方に、それが熟したものか未熟かをおしえて、実を摘ませる、ということになった。だが、何組かできたうち、一人だけ半端がで

た。

マトゥーヤを摘みはじめると、二人ずつ組んだ子らは、目をあけた方の一人が、あいかたの手を抓って合図し、よく熟れた実ばかりを摘ませた。半端で一人だった娘は、いちばんとしはがゆかぬゆえに、言われたままに、目をあけなんだ。かえり道、みんなで摘んだ実を見せおうた。この娘のはまだ熟れぬかたい実ばかりだ。腹を立てて、もういちど行って熟れた実を摘んでくる、そう言うて森の木のところへ引きかえしたのだ。

実を摘みはじめると、この木の持ち主の人喰鬼《イリモ》が出てきた。「オレのマトゥーヤを摘んでおるのはだれだ！」と、雷のような声が頭のうえから落ちてきた。娘は怖れて逃げようとしたが、そのときにはもう人喰鬼《イリモ》につまみあげられておったのだ。

人喰鬼《イリモ》は、持っておった袋のなかに娘を投げ込むと、出られんように袋の口をしっかり縛り、家へかえって食べようと、歩き出した。

しばらく行くと、腹がへってきた。どこか食べ物をくれそうな家はあるまいか、探した。ある家のまえに腰をおろしたとき、袋のなかの娘が歌いだした。

マトゥーヤ摘《つ》も　マトゥーヤ摘《つ》も
こっちの実は　まだかたい

そっちの実は　人喰鬼《イリモ》の木

ちょうどこの娘の姉がそこへ来おったのだなあ、その歌を聞いた、

「ありゃ？　妹《いもと》の声じゃが！」

その家の女房に言うた。女房は、人喰鬼《イリモ》に言う。

「食べ物《もん》やるから、そのまえにちょっと川へ行って水を汲んできてくれんか」

「いいとも、水汲む壺かしな」女房は、底に穴をあけた壺を渡した。

人喰鬼《イリモ》は、娘の入った袋をそこに置いて出て行った。

女房らはすぐに袋の口をあけて娘を出し、家のなかにかくした。そのあとの袋にゃ、土を詰めて、口をしっかり縛った。


川へ着いた人喰鬼《イリモ》は、水を汲みはじめた。

壺をまっすぐ沈めて引きあげると、
ヤヤッ？　ザーッとぜんぶこぼれてしまう。
壺をかたむけて引きあげてみても、
ヤヤッ？　ザーッとぜんぶこぼれてしまう。

ドボンと浸けてみたり、サッと掬うてみたり、とことん足掻いたが、やくなしじゃ。腹は空ききり疲れきり、とうとう空《から》の壺を持ってもどった。

もどってみると、瓢箪の椀に入った**ゲカンゴ**が自分の荷といっしょにもう軒下においてある。人喰い《イリモ》は腹がへって腹がへってなあ、またたくまにたいらげた。食べおわると、ヨッ！　と荷を肩に担ぎ、椀を女房にもどしもせず軒下におきっぱなしたまま行ってしもた。


家に着いた人喰鬼《イリモ》は、仲間のあいだをふれまわった。

「オーイ、焚《た》き物《もん》持って来《こ》ーゥ！　木《こ》っ端《ぱ》持って来《こ》ーゥ！」

たちまち国じゅうの人喰鬼《イリモ》どもが集まってきた、チビのカリゾンゴまでがやって来た、まるで大盤振舞のようにでかい火を焚いた。

「袋の口がほどけんように火にくべよ！」

「あんまり燻《いぶ》らすな！」

「焦がすでないぞ！」

ひさしぶりにうまいもんが食えるぞ、と高ぶった人喰い《イリモ》ども、声かけおうた。

さて、もう肉が焼けるじぶんだ。

「やたらに肉うごかすと、うまい肉の汁がむだに地面に吸われるぞ、肉うごかすな、じぶんの口をもっていけ！」

まだ火にかかっているうちに舐めにいった。だが、肉を焼くといっしょに炉の石も真っ赤に焼けるのじゃ、炉に近づいて口を付けたやつは、火傷してそこにバッタリ倒れた。それを見ておったほかの人喰《イリモ》いどもは、アイツは肉汁の旨さに酔うて倒れたのだと思うた。つぎつぎおなじように炉に近づいていった。こうして、人喰鬼《イリモ》はみんな死んで、**カリゾンゴ**だけが残った。そこで、ほどよく焼けた仲間をみんな食うた。

【注】

マトゥーヤ（matũũya）――mũtũũya（Giant Yellow Mulberry）の木は、20メートル以上にもなる大きな常緑樹。厚ぼったい丸い花冠、葉は掌状複合、若いものは赤っぽい。実は黄緑、熟すと食べられる。森の周辺によく見られる。その実をmatũũyaという。

人喰鬼《イリモ》――（第一部第四章2話参照）

ゲカンゴ（gikangu）――堅い乾燥トウモロコシの粒を豆などと混ぜずにそれだけ単独で煮た食物。

カリゾンゴ（Karĩthongo）――民話の中にはよく出てくる愛嬌あるキャラクターで、「片目」あるいは

「眇《すがめ》」のニックネーム。固有性のものが、その他大勢と異なった単独行動をとり、その結果、禍あるいは福いずれかの運命をたどるという話が、東アフリカの昔話によく出てくる。この場合、片目にどういう意味があるのかはわからない。日本の伝承では、片目あるいは眇《すがめ》が、神に関わる状態であるとの例が柳田國男の著書の中には見られる。（第一部第二章3話参照）

2　人喰《イリモ》い山羊と髑髏女《されこうべおんな》と、双子のこと

あるところに、山羊をたくさん持った男がおった。その中の一頭の牝山羊が仔を産んだ。生まれたのは額に一本の角がある牡だった。その仔は、おそろしい勢いで育って、すぐに放牧に出されるまでになった。ところがな、育つのが止まらんのだ。それからもどんどん大きうなって、あっというまに仔牛ほどになった。そのうえ、この仔山羊は放牧に出ておるあいだ牧童と、人間の言葉ではなしをしておったのだ。こんなふうにだ、畑の中に踏み込もうとする山羊を、牧童が叱る。

「こらッ、とまれ！」

「こらッ、とまれ！」山羊が振り向き、オウム返しにこたえる。

牧童は、家へかえると、父親にこう告げる。

「あの山羊は人間のことばをしゃべるんだ」

「オレのだいじな山羊だ。**酒の寄り合い**で飲んだときにオレが歌うのはこの山羊のことよ。あれのことを、まるで化け物かなんぞのように言うたあどういうことだ！　こんな立派な牡山羊は国じゅう探してもおらんぞ！」牧童は父親にこっぴどく打たれた。

仔山羊は牡牛をしのぐほど大きうなった。人をおどろかし、持ち主をおどすほどになった。さすがの父親もあきれて言うた。

「こんなものはいまだかつて見たことない。森へ捨ててこい！」

牧童はこの山羊に綱をつけて森へ引いていった。綱をとくと、たちまち山羊は牧童を呑んだ。こいつは人喰い《イリモ》山羊だったのだ。

牧童を呑んだ山羊は、森を出て村へゆき人と家畜を呑んだ。満腹で腹が重くなると、森へかえって樹の下に臥して、寝た。

さて、この村に、腹に子を宿した一人の女がおった。女は人喰い《イリモ》に見つからんよう洞窟に逃れかくれて、そこで男の双子を産んだ。

この子らは育っていった。

女と、子らは人喰い《イリモ》が眠っておる夜中におきて、だれも手入れをする者のおらんようになった畑へゆく。女は言う「ここ掘れ」。そこにヤムがあるだろう、甘藷《グワシェ》もあった、食べ物はたくさんあった、人はみんな人喰いに呑まれたので、収穫する者もおらぬからじゃ。

女と子どもらはこうしてすごした。

この村は、人喰鬼《イリモ》の国になっておったのだ。人喰い《イリモ》は人と家畜だけを食う、作物は食わぬ。人、牛、山羊、羊、みんなこの獣が食うた。はかり知れぬ数だ。

ある朝、起きてみたら炉の火が消えておる。火種もろうてくるのに、どこかに煙の出ておるところはあるまいか。外へ出て見渡すと、はるか向こうの山かげに煙が見える。女はそこへ行き、火をもらいたいと言うた。一人の媼《おうな》がでてきた。

「おまえさんは、いったいどこに住んでおったのだ、**髪も剃らずに**なあ。まあ、そこにすわれ。先ず髪を剃ってやろう。それから火をもっていきな」

女の髪を剃りはじめたが、その媼《おうな》も人喰鬼《イリモ》だったのだなあ、髪といっしょに肉まで削ぎとり、食うては剃り、食うては剃りしておったから、女の頭は髑髏《されこうべ》だけになったのじゃ。人喰い《イリモ》は言うた。

「さあ、火をもっていけ。毛が生えたらまた来な！」

子らは育って、たくましい若者になった。そこで母親に問うた。

「かあさん、どうしてオレたちのほかに人間《ひと》はおらんのだ？」女は言う。

「ああ、この国にはおまえたちの身内をみんな呑んだ獣がおるんだ。だから、わたしらは、その獣に見つからんよう夜になってから外へ出るんだよ。この獣に呑まれた人間《ひと》は死んではおらん、けものの腹ん中で生きておる」

「えっ、そうなの？」

「そうだ、そこで、わたしらが獣を毒矢で殺して、呑まれた人や家畜を助けださにゃならん。ここに毒をとる木がある。これを煮て毒をつくり、鏃《やじり》に塗り、射る。この矢に当たれば象でも死ぬ」

女は、人喰鬼《イリモ》が寝ておる森の入り口あたりを柵で塞《ふせ》げというた。若者らは村へでかけ、柵を引き抜いてきて人喰《イリモ》いのでてくる道をさえぎった。

「さあ、おまえたちの身内をとりもどすのだ」

若者らは、槍、剣、棍棒、盾、など武器をぜんぶ身につけた。

女は、森の入り口に来ると、大声で歌う。

西の方へ行ったら
地栗鼠《ドル》が寝てた
起きろや　起きろ　出ておいで
かあさんが　マトゥーヤ摘んで
もどったぞ
どこまでいって　マトゥーヤ摘んだ
人喰い《イリモ》の森で　マトゥーヤ摘んだ

それを聞いて人喰い《イリモ》は言う。

ぶんぶんうなるは　オレを呼ぶ蝿

女がまた歌うと、人喰い《イリモ》もそれにこたえる。女は歌いつづけた。人喰鬼《イリモ》は、いったいだれが呼んでおるのかと見に出た。出てきてみたが、そこにあった柵にさえぎられ、ぶつかった、それを揺すって引き抜こうとした。そのとき、若者らがとび出してきて槍で刺した、うごけなくなるまで刺した。

人喰鬼《イリモ》は死のまぎわに言うた。

「オレは死ぬ。さあ、この指を切れ、おまえらの身内が出て来るぞ、牛も、山羊も、出てくるぞ」

人喰鬼《イリモ》は死んだ。言うたとおりに指を切ると、人間《ひと》、牛、山羊などがこの広い野を埋めつくすほどに出てきた。

出てきた村人は、そこに奇態な髑髏《されこうべ》女と、見たこともない二人の若者が立っておるのを見た。

【注】
酒の寄り合い──男たちは、よく酒で集まる。そこで、飲んで歌うのは、自分の家畜の自慢。
髪も剃らずに──むかし、女はふつう、生涯を通じて剃髪した頭で過ごした。だから、剃髪は生活上欠くことができない。

キクユには「自分の髪を剃る剃髪人はいない」「仇《かたき》でも剃髪人には事欠かない」ということわざがある。つまり、誰でも自分の頭は剃れない、だからどんな憎まれ者でも、人間ならば、頭を剃ってもらえる仲間の一人くらいは持っている、という意味。そのくらい、髪を剃ることは、世の中に暮らすためには不可欠なことだった。この媼が「どこに住んでおったのだ、髪も剃らずに」と聞いたのは、髪の伸びた女を不審に思ったから。

3　人の善い人喰鬼《イリモ》と、うたぐり深いその息子のこと

ある村に**ケバータ**があって、おおぜいの若者や娘らが、広場にあつまってきた。踊りが始まると、ふだん見かけぬ一人の若者が、いつのまにやら輪のなかにまぎれ込んで踊っておった。美々《びび》しい姿かたち、歌も踊りも、かくべつだったなあ、たちまち人目を引いた。

踊りが終わって広場を出た時にゃ、この若者のうしろに五人の娘たちがついてきておった。だが、かえりの道々、娘の一人は見た。前をゆくこの若者が蠅を捕まえ、長い髪をパッとかきあげては後ろの口へ放り込むのだ。この者は**二つ口の人喰鬼《イリモ》**だったんじゃなあ。

「あ、わたし、かあさんが水汲みに行けと言ってたの、おもいだしたから帰る」娘はひきかえした。つぎの娘も、また、見た。

「かあさんが薪採りにゆけと言ってたから、わたし帰る」娘は帰っていった。娘は三人になった。三人目もまたこの若者の正体を見た。

「わたしも帰る」娘は帰っていった。四人目も帰った。

娘たちはこうしてみんな帰って行った。あとには、帰ろうとしなかった娘が一人残った。

その時にゃもう、この若者の家の近くまで来ておった。若者は娘に言う。

「ちょっと先に家へ行って片づけてくるから、あとからゆっくりおいで」

人喰鬼《イリモ》は家に着くと、殺して食べ散らかしてあった人骨を片づけ、娘をそこへ呼び入れ、今晩食べるものを用意してくるから、そこで休んでおるようにと言うて出ていった。


娘は家に入り、若者が帰ってくるのを待った。その時、上のほうから微かな声がした。さっき人喰い《イリモ》が家のなかを片づけるとき、投げあげておいた髑髏《されこうべ》が火棚《イタラ》のうえから声をかけておったのだ。

「娘よ、アイツは人喰鬼《イリモ》じゃ。おまえを食うために仲間を呼びあつめに行ったんじゃ。アイツのためにわしもこんな姿にさせられたんだ。すぐ逃げよ。だが、途中雨に遭《お》うても樹の下で雨宿りしてはならん。雨の中でも逃げよ。だれが何と言おうと雨宿りしてはならん、お前の村に入るまではなあ。ここは人喰鬼《イリモ》の国じゃ」

娘は、そこを飛び出し、人喰《イリモ》いに追いつかれんように、家へと走った。

さて、人喰鬼《イリモ》が仲間をひき連れてもどってきてみると娘は逃げたあとだ。

「なんだ、コイツ！　ご馳走がどこにある？　騙しやがって！」

仲間は、よってたかってこの人喰《イリモ》いを引っ捕らえ、炉の火にぶち込んで食うてしもうた。

「おう、まだ食い物《もん》は足りんぞ、もっとどしどし焚《た》き物《もん》くべろ、どんどん火《ひ》い焚け、そこでこの火を一人ずつ跳びこえるんだ、跳びそこのうて火のなかへ落ちたヤツは食われよ」こうして人喰鬼《イリモ》らは一人ずつ火に落ちて焼けて、食われた。

娘が家へと逃げるとちゅう、雨になった、雨は、ざんざん降ってくる、雨に降られてびしょ濡れになった。さて、どうしよう。どこか雨宿りするところはありはせぬかと見まわすと、ちょうど、大きな樹を見つけた。そうだあそこの木のうえに登ってかくれれば見つかるまい、髑髏《しゃれこうべ》の言うたことも忘れて、雨宿りした。

雨はやんだ、娘が木から降りようとしたとき、声がした。人間《ひと》狩のかえりの人喰鬼《イリモ》の親子じゃ。息子のほうの名はポンガというのだ。

さて、ポンガと父親は、人間《ひと》を狩にどこへ行ったのかなあ、獲物の人間《ひと》を探しておってこのあたりで雨に降られたのだ。この樹の下へ入って雨宿りをした、雨が止むと、下にできた水たまりに、人影のようなものが映っておった。

「父さん、あそこの枝の上、あそこに黒いものが、木の上のあそこに、ほら、見えるよ」

「ポンガ、おまえの見ておる影はなあ、**ザンボ**の巣じゃないか？　ザンボの巣があるんだよ」

父親は息子に言う。

ザンボというのは、小さい虫だが、大きな巣をつくる。蜂の巣よりもずっと大きいのだ。

「ちがうよ、ザンボの巣じゃないよ」息子は言う。

「じゃあ、なんだというんだね？」父親は言う。

「行って見てくるよ」息子は樹にのぼって、娘を見た。父親にいうた。

「これは、ザンボの巣じゃないよ、人間《ひと》だよ」息子は娘を捕まえた。

娘は人喰鬼《イリモ》の住処《すみか》へつれて行かれた。家につくと、ポンガの父は娘にいうた。

「おまえを食おうと思うたが、食わん。そのかわりここでわしの女房になれ」

この人喰《イリモ》い親子は、朝早う出かけて夜にかえってくる。人間《ひと》を狩に行ってかえってくると、捕ってきた獲物を食うた。

女は、人喰鬼《イリモ》の国で暮らしたが、人間《ひと》は食わぬ。そうだ、女は人喰《イリモ》いではなかったからなあ。

あるじと息子のポンガは人喰《イリモ》いだったんじゃ。女は二人にいうた。

「わたしに山羊でも捕ってきてくれんかねえ。おまえさんらが人を食うときにゃ、わたしもなにか食えるようになあ。わたしが人間の肉を食わぬを知っとるだろうが」

「よかろう」亭主は女房のために山羊を捕ってきて屠って食べさせる、女は人喰《イリモ》いではなかったからなあ。そのあと叢林《ブッシュ》へ人間を狩に行った。

こうして女はここで暮らしたのだ。

ある日、狩からかえってきたポンガと父親は、バナナの葉で括った包みを女にわたし、言うた。

「これを解いてはならぬ。このまんまで茹でてくれ。オレたちはちょっとそこまで行ってすぐかえってくるから」

二人が出かけると、女はその包みの中身が見たいとおもうた。あけてみると小さな双子の赤子が出てきた、死にかかっておった。そこでその双子を取りだしてよく洗い、からだに油を塗り、壺の中に入れて**ゼギ**に置いた。

それから鳩を捕まえて殺した、鳩二羽だ。鳩二羽を殺すと羽を毟り、脚を切りおとした。それからどうした？　ちょうど赤子が入っておるようにもどおりバナナの葉に包み縛り、ナベに入れて茹でた、ポンガらのために茹でた。しばらくしてかえってきたポンガは言う。

「かあさん、オレの肉はどこ？」

「ここにあるよ」肉が出てきた。ポンガは言う。

「かあさん、これ、どうしてこんなに小さくなったの？」父親が答える。

「ポンガ、欲張るでない。母さんがこの肉を食うておるのを見たとでも言うのか？　茹でれば肉は縮むのを知っとるだろうが」

息子はまだがてんがいかぬ。

「おまえはこの肉をかあさんが食うたとでも思うとるが、かあさんが食うたのを見たのか？」父親は、また言うた。

「フ、フ、フ」ポンガはブツブツ言いながら食べ終わった。

壺の中の双子はどんどん育ち、大きうなった。女は壺のなかから出して家のうしろにかくした。

二人が出かけたあと昼間は、外に出して遊ばせた。二人が人間狩《ひと》から帰ってくると、女は言う。

「おまえさんらが食うような肉をわたしが食わぬのを知っとるだろうが、山羊を屠っとくれ。わたしゃ山羊の肉を食うんだよ」

「いいとも」亭主は女房のために山羊を捕ってきて屠って食べさせた。

女はその脂をとり、瓢箪に入れてゼギに置いて、あとで子どもらに舐めさせた、肉も食べさせた。

子どもらは育って大きうなった、大きうなってよう遊ぶようになった。この子らは、人喰い《イリモ》らがでかけると、外に出され遊んだ、遊んだ。それから家のなかへ入った。

さて、夕方かえってくると、息子は言う。

「なあ、父さん、どうして家の外にこんなにメチャクチャに足跡が付いとるの？　この足跡、どこから来たの？　見て！」父親は言う。

「ポンガ、バカだなァおまえは。オレたち二人が出て行っただろう、そしてまたかえってきただろう、母さんが水汲みに川へ行ったり、焚《た》き物《もん》採りに行ったり出たり入ったりするだろう、足跡なんかいくらでも付くだろうが」息子は言う。

「えっ！　オレには、この屋敷のまわりじゅうに足跡がついているように見えるけど？」

また、夕餉がはじまると双子の子らも後ろで一緒に食べておったのだ。

「なあ、父さん、どうして食べる音がムシャムシャ、ムシャムシャと、こんなにたくさん聞こえるの？」ポンガは言う。

「バカだなあおまえは。おまえが食べる音と、オレが食べる音と、母さんが食べる音でどうして少ないと言えるんだ？」父親は言う。

子どもらは大きうなった。大きう育つと、家のうしろに置いた。子どもらはけっして泣かなんだから、人喰い《イリモ》らに聞かれることはない。子どもらは亭主が屠った山羊の皮の上に寝た。山羊皮の上に眠ってそこで育った。日が沈むと食べ物をあたえられた、そして寝た。肉がおしまいになると、母親は言う。

「なあ、ポンガの父さん、おまえさんらが人間《ひと》の肉を食べておる時に、わたしが食べる山羊も欲しいんだけどねえ」

「いいとも」

山羊は屠られた。人喰い《イリモ》らの留守に、脂も肉もたっぷり子どもらに食べさせた。これで、子どもらが大きうならんわけはないだろうが。

子どもが大きうなると、母親は言うた、

「外へ出てはならん、こいつらは人喰鬼《イリモ》なんだよ」

年月《としつき》が過ぎて、双子の子らは育ち、たくましい若者になった。

さて、女は言うた。

「ねえ、ポンガの父さん、おまえさんとポンガは出て行く、わたし一人がここに残る。そうすると、怪しの者が来るだろう。剣と槍を買うておくれ。もし、そいつらがやって来たときは、それでわたしを護るんだよ」

どうして「いや、ならぬ」と言えよう、人喰い《イリモ》は買うて与えた。

また、しばらくすると、女は言う。

「ねえ、ポンガの父さん、べつの剣と槍を買うておくれ。もしこれを敵にとられたら、かわりがいるだろう？」

亭主は否と言うたか？　いや、亭主は買うてきた。

母親は、若者らに剣、槍、盾を持たせた。まいにち、まいにち、ポンガと父親が出かけたあとは、二人の子を外へ連れだしてこの武器で、戦う技《わざ》をおぼえさせた。

また年月《としつき》が経《た》って、二人の子らは、剛健な武者《つわもの》になった。母親は復讐の時がきたとおもうた。

ある日、言うた。

「ポンガと父親がかえってきたら武器を付けて支度をととのえ、わたしが呼んだら飛び出してきてアイツらを殺せ。だが、呼ぶまでは出て来てはならぬ」

夕方、息子と父親がかえってくると、女は言う。

「なあ、もしも、敵がやって来て、縛られてしもうたときに、どうやって助かるか知っておきたい。だから、みんなで外へ出て、じぶんから縛られてみて、だれが一番早く縄目を解くことができるか見てみよう。先ず、わたしからやってみる」女はじぶんを縛らせ、すばやく解いて見せた。

つぎに息子の番になり、それから父親の番になった。二人とも難なく縄を解いた。そこで、女は言う。

「こんどは二人ずつ一緒に縛ってみよう」ポンガと母親が一緒に縛られそれを解いた。

つぎに息子と父親が一緒に縛られる番になった。女はポンガが叫び声を上げるほど、きつう縛り上げた。ポンガは言うた。

「父さんはオレたちをこんなにきつく縛らなかったよ」父親は言う。

「おまえとオレは、母さんとおまえよりも強いのを知っとるだろう？ もう一締《ひとし》めやってもらおうじゃないか」

二人は、身動きもできないほど締めに締め上げられた。母親は二人の若者を呼んだ。

「出て来てこやつらを殺せ！ おまえらの母親を食うた人食《イリ》い《モ》を殺せ！」

若者たちはとび出してきた。ポンガは叫んだ、

「父さん、だからオレ、言ってただろう！」

人喰鬼《イリモ》らは、槍で刺されて死んだ。


【注】

ケバータ——（第一部第三章4話参照）

二つ口の人喰鬼《イリモ》——民話によく出てくるキャラクター。美しい若者の姿をして娘たちを惑わすが、じつは、もう一つの口が首のうしろにもある人喰鬼《イリモ》。

火棚《イタラ》（itara）――（第一部第四章第2話参照）

ザンボ（thambo）――木の上に巣を造る黒い蟻。こんなことわざがある。

木の下にいる者がザンボの食べ物を知る。（Muikari muti gitina niwe ui kiria thambo iriaga）

乾燥地帯に棲むこの蟻は、木の上に土で大きな巣を造り、終日登ったり降りたりして食物を巣に運ぶ。その木の根本に座っている人だけが、この虫が何を食べているかを知る。つまり、近くにいる人だけが、その人の嗜好あるいは欲求を知る。家、集団、その他その中に住む者だけがその中の問題を知るという意味。

ゼギ（thegi）――食べ物を置いておく小さな部屋。

第三部　世間話《せけんばなし》

第一章　男と男

1　二人の男、蠅の肉汁《ゲトエロ》で仲違いしたこと

解古世《ゲコヨ》の国の、さる里に、二人の男がおった。一人はこちらがわの丘に、もう一人は向こうがわの丘に、住んでおった。二人は同じ**年齢組**《リイカ》であり、かたい心の絆でむすばれておったのだ。酒を飲むときはむろんじゃ、何を食べるときでも、二人のうちの一人が欠けることはなかった。そのうえ、二人はしょっちゅういっしょに仕事をした、あるときは新地の開墾、あるときは屋敷囲いのつくろい、また牛や山羊の毛についた**泥の玉**をとり、ダニを火に投げ込むことなんぞと、なあ、たとえ、いかなることがあろうとも、生涯、二人の仲が変わろうとは、よもや、思わなんだ。

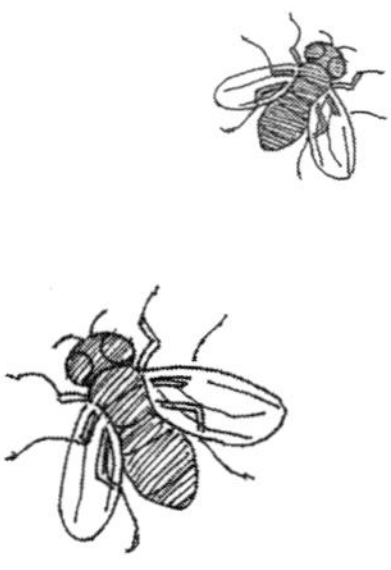

よもや、なあ――。

ある日のことじゃ、こちらがわの男が、小さい倅《せがれ》を、向こうがわへ使いに出した。子どもは、バタバタと坂を駆け下り、また駆け上がり、むこうの家についた。

その家では、この小さな使いを大いによろこんで、せいいっぱいのもてなしをしようとしたことは、いうまでもない。とにかく、二人とない心友《とも》の倅《せがれ》じゃからなあ。

女房は、さっそく**ギマ**をつくって馳走をしようとおもうた、が、さーてと、なんとしょう、ギマといっしょに食べる**肉汁**《ゲトエロ》に入れる具が、とりあえず見あたらぬ。思案しながら、ふと、あたりにブンブン飛びまわっておる**蠅**《はえ》を見た。なにをおもうたやらこの女房、ツイと両手を伸ばし、ホイ、ホイ、ホイのホイ、と大わらわで蝿を捕まえ出した。

子どもは、すすめられた腰掛けにチョコンと腰かけ、むしんにそれを見ておる。ヤレ、とりあえずは、これでなんとか間に合《お》うた。やがて、心づくしのギマと肉汁《ゲトエロ》ができあがり、子どもはしっかり満腹したようじゃ。ほっぺた脹らまして、フゥと一息ついた。

しばらくすると、この家《や》のあるじが外の仕事を終えて、入ってきた。まんぞくげなこの子の顔を見ただけでうれしゅうなる。子どもの返事をきくまでもなく笑みくずれる。

「な、坊《ぼう》、家にかえったら父ちゃんに、何と言うんじゃな？」

「ぼく、こう言うんだ、うーんとご馳走してくれたんだよ父ちゃん、ギマとハエの肉汁《ゲトエロ》なんだアー」

それをきいてこの男、とたんに気色《きしょく》が悪うなった、汁になにやら黒いものがチラチラ見えたようだが、こうもまともに「蠅の肉汁《ゲトエロ》」なんぞと言われるとはおもわなんだ。ウム、やむをえん、ただちに鶏を絞めて子どもに食べさせ、きいた。

「坊《ぼう》、家へかえったら父ちゃんに、なんと言うんじゃな？」子どもはこたえた。

「ぼく、こう言うんだ、うーんとご馳走してくれたんだよ父ちゃん、いちばんはじめにギマとハエの肉汁《ゲトエロ》と、それから、鶏なんだァー」

ウーン、こりゃいかん、はじめに食べた物をまだ忘れとらんのじゃ。男は、さらに、いちばん太った山羊を屠って食べさせ、またきいた。

「坊《ぼう》、家へかえったら……」子どもは、やっぱり律儀に唱《とな》えあげる。

「ぼく、こう言うんだ、うーんとご馳走してくれたんだよ父ちゃん、いちばんはじめにギマとハエの肉汁《ゲトエロ》と、それから鶏と、それからいちばん太った山羊なんだァー」

クソッ！　男はさらにいちばん太った**牛**を屠って食べさせ、また聞いた。

「ぼく、こう言うんだ、うーんとご馳走してくれたんだよ父ちゃん、いちばんはじめにギマとハエの肉汁《ゲトエロ》と、それから鶏と、それからいちばん太った山羊と、それからいちばん太った牛なんだァアー」

この子の返事はいっこうにかわらん。ますます声張りあげて得意げに唱《とな》えあげる。エイッ、ままよ、万策尽きた！

あたらしいピカピカの服に着替えさせられ、バナナ、酒《ジョヒ》、焼いた牛の腎臓……、みやげの品々をどっさり背負《しょ》わされて、よろこびいさんで丘を駆け降りてゆく子どもを見送って、男は、無念のおもいじゃったろう。

あたらしい服を着て、あれやこれやの背中の荷に潰れそうになりながら、息はずませて、かえってきた倅《せがれ》を見た父親、わが心友《とも》が息子をいかにもてなしてくれたかは、問うまでもない。だが、よき友を持った満足をさらに味わいたい。で、相好くずしてきいた。

「どーォだい、わが心友《とも》はどんな馳走をしてくれたかな?」

「ウン、うーんとご馳走してくれたんだよ父ちゃん。いちばんはじめにギマとハエの肉汁《ゲトエロ》……」

「ハ、ハエ!」父親は目をむいた、そこまで聞くとあとの言葉は待たなんだ、怒りで気色《きしょく》が悪うなった。

「なんだと? 心友《とも》の息子に蠅の肉汁《ゲトエロ》をふるまったと!」

「そーォだよ、父ちゃん、いちばんはじめにギマとハエの肉汁《ゲトエロ》と、それから……」

「だまれ! そんな話はもうききとうないわ。心友《とも》の息子にハエ!」

二人の男の交情《なか》は、かくして終わり、生涯もとに戻ることはなかったということじゃ。

【注】

年齢組《リイカ》 (riika)——同じ年に成人儀礼を受けた仲間たちのことをいう。氏族(同じ祖先を持つとする人々)という集団が縦糸で、年齢組《リイカ》が横糸となり、がっちりと織りなしているのがこのような共同体である。

家と年齢組《リイカ》からは出られぬ。(Nyumba na riika itiumagwo)

と、ことわざにもあるが、年齢組《リイカ》は、血縁の関係と同じように、解消することはできない。いくつになろうと、どこへ行こうと、この関係はついてまわる。それほどの堅固な繋がりも、子どもの記憶から何としても消し去ることのできなかった「ハエ」と言う一言のために、あっさり断絶してしまう、という話。この男の足掻きようと絶望がみもの。

泥の玉 (mbiri)——雨が降ると屋根のない牛囲いの土は、牛糞と混合してドロドロになる。そこへ牛が寝ると、体に泥が付き、日が照ってきて乾くと、玉になる。それは固く付着しているので、とろうとすると毛が抜けてくる。そこで、二本の木片の間に泥の玉を挟んで潰し、粉砕し払い落としてとる。

ギマ (ngima)——いも、豆、などを煮て搗き潰したもの。このあたりの日常的な食べ物。

肉汁《ゲトエロ》 (gitoero)——野菜、肉などを煮たシチューのようなもの。ギマといっしょに食べる。

蠅《ギ》(ngi) —— 蠅だらけの環境だが、食べ物に入るなどとは、不潔というよりは、忌み嫌う。

牛《ンゴンベ》(ng'ombe) —— 牛は高価な貴重なもの。山羊、羊は何かにつけて食用に屠るが、牛は特別に大きな儀礼でもなければ屠ることはない。これで、この男の慌てぶりを、最大級に誇張している。

2　盗人《ぬすと》とその弟子《でし》、他人《ひと》の家に入り羊を屠り食うたこと

解古世《ゲコヨ》の国の、さる村に、たいした物持《ものも》ちの男がおった。村人は、その男がなにゆえに物持《ものも》ちなのかが、ふに落ちなんだ。親から残されたものではなし、さりとて汗水たらして土地を開《ひ》墾《ら》いたわけでもなし、牛や羊のせわに身を入れて、せっせと殖やしておるふうでもないようじゃ。

さて、あるとき、一人の男がその物持《ものも》ちにきいた、

「どうして、そのように**財産**《もの》をお持ちなんですかい？　あやかりてえもんです」

「知りてえか？」

「へい！」物持《ものも》ちは、ズバリ言うた、

「盗んだんじゃ！」

「へえ！　ぜひともそのわざを習いてえもんで……」

かくして、この男は盗人《ぬすと》の弟子《でし》になった。その一番手として、母親の羊囲い《ゲシエゴ》から、牡羊《ドロメ》のいちばん太ったヤツを盗《と》って来い、と命じられた。

盗《と》ってきた牡羊《ドロメ》は、二人で屠って食うた。

さて、それも食い尽くした三日ののち、盗人《ぬすと》とその弟子《でし》は旅に出かけた。むこうの丘を越え、また谷に下《くだ》り、流れを渉《わた》り、バナナ畑や唐黍《とうきび》畑のそばもいくつか通り過ぎた。

やがて、とある家のかげから羊の鳴き声をききつけた。盗人《ぬすと》は言うた。

「行ってようすを見て来い！」弟子《でし》は出むいていった。

太った大きな牡羊《ドロメ》一頭、それよりいくぶん小振りなヤツ一頭、そのほかに、小《ちい》せえ男の子が二人おるのを見た。父親は旅に、兄分《あにぶん》たちは放牧に、母親は畑の草取りに出ておった。弟子《でし》はとってかえすと、盗人《ぬすと》に言う。

「牡羊《ドロメ》が二頭、小《ちい》せえ男の子が二人。ほかに家人は留守のふうです」

「よし、行こうぜ！」

二人の子どもを見て盗人《ぬすと》は上機嫌じゃ、

「坊《ぼう》たち、わしを知っとるよのう？」

「……？」

「ほれ、おじさんだよ。おじさん、と言うてみぃ」

「オジサン、オジサン、オジサン、オジサン！」

「そーよ、わしは坊《ぼう》たちの叔父さんなんじゃよ。さ、みんなで牡羊《ドロメ》を屠って食べよう、ナ！」

盗人《ぬすと》は羊囲《ゲシェゴ》いに躍り込み、太ったほうの牡羊《ドロメ》を引き出してくると、弟子《でし》に命じた。

「マゼンジェロ！」

これは、解体場ということだが、バナナの葉で作るので、バナナの葉だ。それが三、四枚、青々と地面に敷き延べられる。盗人はその上で牡羊《ドロメ》を横ざまに倒し、弟子に四つ肢をおさえさせ、羊の首を押しつけ、鼻の頭を手で覆い、息を止める。

「小刀《カヒウ》！」

「へ、へイ……」

弟子《でし》には、ひとの家ゆえに勝手がわからぬ、どこにあるやらウロウロし出した。小刀《カヒウ》は、先ほど盗人《ぬすと》が手回しよく見つけてきて草の上に放りだして置いたんじゃ。

「バカヤロ、見えんのか！」跳びかかって、横面《よこつら》を張り倒した。

さて、バタバタしつつも、ともかくも肉は焼けた。肉が焼けると盗人は、子どもらにも食べさせ、また留守の母親の分を残しておくのも、しっかりと忘れなんだ。

肉を食べはじめたそのとき、母親がかえってきたようすだ。すでに夕刻よ。

「だれかおるんかい？」

母親は家に近づきながら声をかけた、外へ出た者がかえってきたとき、家人に知らせるために外からこう呼ばわりながら家に入るのがならいなんじゃ。中から盗人《ぬすと》が陽気な声を張りあげる。

「ハーイ、お客さんですよー」

おもいがけぬ不審な声に、母親の足はバッタリ、止まった。盗人は子どもらをアゴでしゃくって、何か言えと合図した。

「叔父さんだよーォ、叔父さんが来てみんなで牡羊《ドロメ》を屠って食べたんだよーォ」

なに！　牡羊《ドロメ》を屠った？　母親は、悲鳴を上げた。せっせと藷蔓《メレヨ》を刈ってきて、食わせ、やっとここまで太らせた牡羊《ドロメ》をあっさり屠られ、しかも留守中に食われてたまるか！　だいいち、家人の留守中にむだんで羊を屠る？　そんな叔父なんぞおるわけがない。

女の悲鳴は、なにかの事態が起こった警報ということになっておる。ゆえに、みだりにそんな声はあげてはならぬ。そんな女は、罰としてこっぴどく打たれることになっておる。だが、こんなばあいにこそ、声はあげねばならぬ。女たちは、すでに畑から戻り、男やこどもらを待たせて夕餉の支度にバタバタしておるときじゃによって、悲鳴をきいた者は多い。そこで、騒ぎになった。

「なんだ、なんだ？」

「盗人だよーォ！」

「どこだ？」

「家ん中だよーォ！」

「燃しちめえ！」

「子どもがおるんだよーォ！」

あつまってきた村人は、家をとり囲んだ。盗人が出てくるのを待つしかなかろうとおもうた。

外の騒ぎをきいた弟子《でし》は、怯えて、肉どころでないわ、隠れる場所を探して**火棚**《イタラ》のうえに跳び上がった。盗人はそれを追って、跳び上がるや山刀《ロヒウ》の腹で弟子を下にはたき落とし、自分もとび降りると肉のつづきを食べはじめ、腹いっぱいになった。

日は落ち、夜になった。家を包囲しておる村人は、座り込んでおるのにもすっかり草臥《くたび》れ、やがて、ごろごろと横になり、果ては、眠り込んでしもうた。月ははや、真上じゃ。

「ぐずぐずしておるな、残りの肉は皮に包め、しっかり縛れ。行こうぜ！」

外へ出ると、地面に伸びておる村人を、月明かりに、一人、三人、五人と跳び越え、跳び越え、ぜんぶ跳び越え、おわるとうしろ振りかえり、盗人は大見得《おおみえ》をきった。

「家をとり巻いておるおまえら、目をあげて、われらが出て行くのを、よっく見よ！」
村人らが、ハッと我にかえったとき、バタバタと走り去る二つの影を見た。だが、たちまち叢林《ブッシュ》の闇に見失うた。

かくして、この弟子《でし》は、どうやら盗みのわざを習いおぼえ、ひとり立ちして仕事をやるようになり、えらい物持ちになったという話じゃ。

【注】

財産――むかし、財産とは、ふつう土地と家畜のことだった。土地を手に入れるためには、未開の地を見つけ、森の木を伐り、根を掘り起こし、石を取り除き、土を砕き……と、そこから始めなければならない。家畜を持つには、山羊一頭、羊一頭から殖やしてゆかなければならない。親からの遺産がないかぎりは。

羊囲い《ゲシエゴ》(gĩcegũ)・**牡羊**《ドロメ》(ndũrũme)――山羊や羊は、ふつう放牧に出すが、外には出さず住居の中に、小さな囲いをつくって特別に一、二頭飼う牡羊をドロメという。これは、儀礼、あるいは祝い事などに用いるために、母親や娘たちがせっせと藷蔓《メレヨ》を刈って運んできて特別に太らせておく。このための囲いをゲシェゴ（gĩcegũ）といい、女屋《ニョンバ》の中にある。

藷蔓《メレヨ》（mĩrĩyo）――甘藷の蔓には、こんななぞなぞがある。

畑で寝たけものの皮？ ――藷蔓《メレヨ》
（Nguo ya nyamu yarara mugunda）（Miriyo）
悪霊に衣を着せられた畑？ ――藷蔓《メレヨ》
（Mugunda wakwa wagwikwo githi ningoma）
畑にハイエナの皮を広げた？ ――藷蔓《メレヨ》
（Ndaamba ruua rua hiti mugunda）

藷蔓《メレヨ》は、伸びるのが速く、これらの諺にあるように、たちまちのうちに、魔のようにはびこり、境界を越えて隣の畑に侵入したり、他の作物の中に広がったりする。そのはみ出し分を、女房や娘たちが畑の帰りに刈り取って、せっせとゲシェゴの牡羊《ドロメ》に与える。藷蔓《メレヨ》は最良の飼料なのだが、まさか放牧の山羊や羊を畑に入れて勝手に食べさせるわけにはいかないので、この餌をもらえるのはゲシェゴで飼う山羊や羊の特権。そこで、藷蔓《メレヨ》を多く刈ってきて、いかに太らせるかということが女たちの甲斐性になっている。

火棚《イタラ》（itara）――（第一部第四章２話参照）

3　天下の豪傑ガゾンド、とるに足らぬ小者に手もなく殺されたこと

むかし、解古世《ゲコヨ》の国のさる里にガゾンドという剛の者がおった。見るからにおそろしげなる身の丈をもち、皮の腰布の下にむき出しになった脛は、太太《ふとぶと》しい棍棒を束ねたごとく、りゅうりゅうと。二の腕はバッファローを小わきに押さえ込んでグゥともいわせぬ。その評判《きこえ》は於加比《オカビ》の国にまでとどいておった。たとえばだな、だれかが、この解古世《ゲコヨ》の国のどこやらに於加比《オカビ》のすがたを見かけたとき、あるいは襲撃のくわだての噂を耳にしたとき、すぐにガゾンドが呼びにやられ、近くにいようが遠くにいようが、捜し出されて連れてこられたのだ。「いるぞ！」と睨みを効かせるためじゃ。

ある日、ガゾンドが国境の森をあるいておったときだ、ふいに、隣国の於加比戦士《オカビモラン》の一団とはちあわせた。だが、ときにこの男、運わるく、弓と、たった一本の矢を入れた箙《えびら》のほか武器はなにも持ちあわせておらなんだ。相手はむろん槍、楯、棍棒、腰に剣、がっちり武装しておる。いかなガゾンドなりとも、装備のととのうた多勢をあいてに一本の矢だけではどうにもならぬわ。そうと見てとるや、窮余の一策、すばやくかたわらの高い樹のうえに猿《ましら》のごとくよじのぼった。

於加比《オカビ》は、ソレッ！　とばかり樹をとりかこむ。だが、ガゾンドは物怖《ものお》じせぬこころ猛《たけ》き者よ、樹のうえでいかにこいつらを欺くべきかと思案した。木の叉にしっかとからだを据えると、箙《えびら》のなかから引き抜いた、たった一本の矢を大仰《おおぎょう》にかまえ、大見得をきったのじゃ。

「いいか、今より、一本ずつ、この矢のすべてを、一本残らず、おまえらに見舞うてくれよう」と、やおら東の方《かた》にねらいをさだめた。

「東のかたに立っておるその者よ、ひとたびこの矢が放たるれば、おまえの目をぶち抜くのだぞ！」言いおわるや、ゆうぜんとその矢を箙《えびら》にもどした、かとおもうと、またサッとその同じ矢を引き抜くや、西の方《かた》を狙うて番《つが》えた。

「西のかたに立っておるその者よ、ひとたびこの矢が放たるる時は、おまえの額をぶち割るのだぞ！」言いおわれば、またその矢をもどし、ふたたびとり出し、べつの方《かた》を狙い、鼻をブッ欠くと言い、喉仏を突き通すと言い、このようにしてガゾンドは一本の矢を、出したり入れたりしながら、あらゆる方角を指し、どこそこをぶち抜く、と異なった的の名をあげ、ライオンの咆哮のごとき恐ろしげな音声《おんじょう》で喚《わめ》いたのじゃ。

と、突然、矢を番《つが》え、弓を揚げ、引き絞り、一番手の標的《まと》のその者に狙いをさだめヒョウと射た。その者は、眼《まなこ》ぶち抜かれドウと倒れ、死んだ。

「逃げろ、皆殺しにされるぞ！」

「アイツは、言うたとおりに目をぶち抜きおったぞ！」

於加比《オカビ》らは、とりかこんでおった樹の下から、ワッとばかりに撥ね、跳び、自慢の脛《すね》の長さ、唾吐く一発のあいまに、散り失せた。

一人残されたガゾンドは、ゆうゆうと樹をおりた。

かくして死地を脱したガゾンドは、知にも長《た》けたまことの勇者じゃ。だが、死神はふたたび追って来たのじゃなあ。

時はすでに日没に近く、家路をめざす山羊、羊の影は、長々と道に連なる。

その日は、**年齢組**《リイカ》のキオンゴロのところで、数人の仲間らがあつまって酒を飲んでおるはずじゃ、で、その足でそこへ向こうた。

ガゾンドは飲んだ、酔うた。酔眼がとらえたのはその場の片隅におったひとりの男カムエル。おってもおらぬでもさしてわからぬ、どうでもいいような小者じゃ。むろん、カムエルの方はガゾンドにたいしてなんら恨みをかうようなことはしておらぬ。にもかかわらずこの男のようすに、ふだんから、いくぶん虫の好かんところがあったのか、あるいは多少はわけでもあったのか、そいつをいびり出した。

「おい！　そこな貧乏人。なあ……孕ませた娘の親に支払う**山羊九頭**のさんだんはついたか……それとも……なにかい……森へ入って、アンテロープでも捕らえて、山羊のかわりに出すとするか……」

さきほど木の上で演じた大一番で、死地を乗り越えてきた勇者は、ここの酒で心のたがが外れたのじゃなあ。だらだらつづく辱めに、カムエルがなにやらひとこと言い返した。それが気に入らなんだ。ガゾンドは立ち上がり、この男を引きずり出し、炉の中へたたき込んだ。灰が舞い、燃えさしが躍り、手足に火傷を負うたカムエルは、外の闇の中へ転がり出た。

　いっときして戻って来たカムエルの手は、どこぞの穀物庫から引き抜いてきたか太い棍棒を握っておった。いぜんとして牛角盃《ルヒア》片手に管を巻いておるガゾンドの背後にしのび寄ると、脳天めがけ百万馬力で打ちおろした。いかな剛の者でも、こう**酒に食われて**おっての背後からでは、ひとたまりもないわ。ム！　と言うたなり伸びてしもうた。まわりの者は、うろたえ、騒ぎ、それ水！　それブッかけろ！　床いっぱいに手足ぶちまけた大男は、顔に水を浴びせられ、バナナの葉であおがれた。すでに虫の息の口もとに、少しでも空気を送り込んでやろうとするけんめいな奮闘じゃ。

　まもなく、この豪傑は目を剝いて死んだ。

　いっぽう、カムエルは**ワンデベの畑へ逃げ込んだマングース**よ、外の闇に消えたなり杳《よう》として行くかた知れずになった。

　ガゾンドの身内の者らは、カムエルの捜索をつづけた。**カンバの国**に飛び、そこに住んでおることが知れるまで、捜索はつづいた。

　そののち、カンバの国から出て来たカムエルは、裁きの廷《にわ》に送られ、**山羊百頭**を言い渡された。身内の者はその額を満たすまで、一族からの寄付を請い、かき集め、ガゾンドの家に支払ったということじゃ。

【注】

於加比《オカビ》（Ŭkabi）――キクユ語でマサイのことをオカビと言う。マサイとキクユは隣接した民族グループ。植民地支配以前は、お互いに襲撃しあった宿敵だった。

国境の森――マサイとの北の国境にはどちらの方にも属さない大きな森林がある。そこでマサイ戦士とキクユ戦士が鉢合わせする話が、よくある。

年齢組《リイカ》（riika）――（第三部第一章1話参照）

山羊九頭――よその娘を妊娠させたが、その男に、その娘と結婚する用意がない場合、山羊九頭を、娘の親に支払うのが規則だった。

酒に食われて――酩酊すること。

ワンデベの畑へ逃げ込んだマングース――むかし、ワンデベという人が、大きな畑地を持っていた。悪さをしたマングースを追っても、そこへ逃げ込まれたら、まったくどうしようもない、という言い伝えから出た成句。杳《よう》として行方のわからない事をいう。

カンバの国（Kamba）――キクユの東南に位置する隣国。車輪というものを持たず、動物の背に乗せて人を運ぶ習慣もなく、ひたすら足で旅をした人々にとって、キクユとは風土の様相の異なった、流れも見えぬサバンナのカンバの国は、隣国でありながら、遙かな土地だった。なんでも、とにかく遠いところと表現したいときや、はるばると、と形容したいときは、カンバの国を持ち出した。「カンバの国から来たハトのように疲れている」という成句などがある。

山羊百頭――成年男子を殺害すると、山羊百頭を被害者の家族に支払う規定があった。支払えない場合は、一族で援助した。

4　於加比戦士《オカビモラン》、蜂蜜を舐《ねぶ》り襲撃の機《とき》を逸《のが》したこと

むかし、**於加比**《オカビ》がさかんに解古世《ゲコヨ》の牛を狙うてようすを覗《うかが》っておったじぶんのことだ。

ある日、於加比《オカビ》戦士《モラン》の頭《かしら》が**偵察隊**に言うた。

「あの山にのぼれ。頂上に着いたらぐるっと見わたし、解古世《ゲコヨ》の牧童が、牛をどの方面に追ってゆくのか見ろ。そこでわれらは襲撃をかける」

偵察隊は山の頂上にのぼり、ぐるっと見わたした。解古世《ゲコヨ》の牛の列が森の方へ向かっておるではないか。あのあたりには牛によい草がぞんぶんにあるのだ。そのことを偵察からきいた戦士《モラン》らは、ソレッ！　とばかりに武装をととのえた。腰に剣を帯び、槍、楯を担い、とび出した。牧童に気づかれぬように、叢林《ブッシュ》のかげを縫い、やがてそのあたりに着いた。

戦士《モラン》の一人がふとかたわらの樹のうえを見あげると、解古世《ゲコヨ》の若者がひとり**ムワト**から蜂蜜を採っておるではないか。これは、ケヒゲという男だ。

牛を追って草地へ行くとちゅう、仲間の牧童を牛とともに先にやり、父親が仕掛けておいたムワトから、蜂蜜を採ってゆこうとしておったのだ。戦士《モラン》は、この男を見あげて於加比《オカビ》の言葉で怒鳴った。

「オーイ、木のうえにおるその男、降りて来ーい！」ケヒゲは、於加比《オカビ》の**言葉**はわからぬが、

なにを言うておるかは知れておる。そこでこたえた。

「オウ、きょうだいよ。降りぬとは言わぬがなあ、オレのムワトにゃ蜜がギュウと詰まってお るんだ。もう少し採らせてくれェ！」声をかけた者は解古世《ゲコヨ》の言葉がわからぬ、で、わかる者に聞いた。

「アイツは何と言うておるんだ？」

「降りては行くが、蜜がぎっしり詰まっておるから、もう少し採らせてくれェ、だと」

こうして、とやかく言うておるその時、ケヒゲは、蜜のいっぱい詰まっておるヤツを一切れ下に落とした。降りて来い！　と言うた戦士《モラン》は、それをひろって舐めてみた。うまかったなあ！　いまだかつてこんなうまいものは食うたことはねえ。この男は解古世《ゲコヨ》の言葉のわかる男に言うた。

「あの男に言え、ぜんぶ集めろ！　一滴たりとも残すな！　**蜂が去らば**去らしめよ、と」

「オーイ、ぜんぶ集めろよーゥ、一滴も残すなよーゥ、蜂が去らば去らしめよーォ！」

この一切れをすっかり舐め終わった戦士《モラン》は、解古世《ゲコヨ》の言葉のわかる男にまた言うた。

「アイツに言え、『われわれみんなで舐める。すみやかに降りて来い！』と」

「オーイ、集めた蜜を持ってさっさと降りてこーォ！」

ケヒゲは、ゆっくりゆっくり樹を降りながら思うた、アイツらはオレの蜂蜜をぜんぶ奪い、奪ったのちはオレを殺す気だ。そこで言うた。

「お前らは、**中にいるのに外側を縛る**バカか？　まあ落ちつけ！　蜂蜜はどうやって食うかオレが教えてやろう」

木を降りたケヒゲは、先ず最初の戦士《モラン》に言うた。

「両掌を広げろ」

広げて出したその掌のなかに、採集してきた蜂蜜を皮袋から注いで満たした。その男は掌の窪みのうえに屈み込んで舐めだしたが、あまりのうまさに途中で顔をあげることができなんだ。ケヒゲは、戦士《モラン》ぜんぶをずらり横にならべ、両手を出させ、端から端まで、掌の中に蜂蜜を注いでまわった。両手に蜂蜜がつけば、指が滑って武器は握れまい。

戦士《モラン》たちが、いっせいに屈み込んで掌の中に顔を埋め、うつつなき間に、ケヒゲはうしろも見ず、いちもくさんに遁走した。

やがて、ふと我にかえって顔をあげた戦士《モラン》の一人に、はるかかなたを土埃を蹴立てて逃げてゆくケヒゲのうしろ姿が目に入った。そっと隣の男を肱でつついて、ささやいた。

「なんでアイツを逃がしたんだ？」男は言うた、

「手の中にこれがあるんだ、どうしようもねえよ」

この戦士《モラン》はその前をはなれ、つぎの者の脇へ行って肩で小突き、ささやいた。

その男もまた言う。

「手の中にこれがあるんだ、どうしようもねえ」

叢林《ブッシュ》のあいだを見え隠れしておったケヒゲの影は、ついに見えなくなった。二度と姿を現すことはなかった。

「於加比《オカビ》が牛の略奪にこっちへやって来る途中だ、逃げろ！」と、放牧中の牧童らのところへ知らせに行ったのだ。

牛は、いちはやく安全なばしょに移されて於加比《オカビ》の略奪からまぬかれた。

蜂蜜を舐めおわった戦士《モラン》らは、おおわらわで指を一本一本口にくわえて舐《ねぶ》り、その手を草で拭《ぬぐ》いして、さてふたたび襲撃に出発した時、牛が移動したあとの気配もすでに鎮まり、地は冷え、もはや術《すべ》もなかったということじゃ。


【注】

農耕民のキクユと、牧畜民のマサイは年来の宿敵だった。隣国同士で牛の掠奪をし合っていた頃、お互いに相手を揶揄するこんな話を作っていた。

於加比《オカビ》（Ŭkabi）――（3話参照）

偵察隊――襲撃をかける前には、偵察を出して様子をさぐらせる。

ムワト（mwatũ）――（第一部第一章1話参照）

言葉――キクユ語とマサイ語は、異なった系統の言語なので、いくつかの共通の単語以外は、お互いに理解できない。けれども、中には相手の情報を知る戦略上の必要から、また交易上の便宜のため、あるいは通婚などで、相手の言語に習熟した人もいた。そのあたりのやりとりをいちいち描写しているところが、キクユ話《ばなし》独特のユーモラスなところ。

蜂が去らば……――養蜂筒から、蜜を残らず採ってしまうと、その巣にはもう蜂は戻って来ないと言われている。だから、普通は少し残しておく。

中にいるのに外側を縛る――けものはすでに檻の中にいるのに、檻箱の外からまた縛り上げる。つまり、木の上で包囲されていて逃げられる筈はないのに、何をカリカリ息巻いているのだ、という意味。

第二章　男と女

1　女、牛と羊と山羊を野に棲む獣に変えたこと

むかしは、女も、男と同じように、じぶんの牛や山羊を持っておった。

ある日、神《ガイ》は、人間の暮らしぶりを見ようと、地上を訪れた。先ず、男のところへ行って問うた。

「この牛や山羊はだれの財産《もの》かな？」男は、こたえた。

「尻尾の先の毛まで、わたしのものです」

神《ガイ》は、これを聞いて、おおいに気をよくした。

次に女のところへ行って問う。

「この牛と山羊はだれの財産《もの》かな？」女は、こたえた。

「生かそうと殺そうと好きなようにできるわたしのものです」

これを聞いて神《ガイ》はおおいに立腹し、女の持てる家畜すべてに「野に行け、森へ行け！」と命

じた。
こうして女の家畜は、残らずぜんぶ野に放たれ野獣になった。
この時から女は、牛、山羊、羊など家畜を持つ力を神《ガイ》に取り上げられた。
いま、野に棲むアンテロープやガゼルなどは、かつては女の山羊、羊だった。バッファローは牛だった。

【注】

怠け者に牛は持てぬ。(Ngombe ndionagwo ni ithayo)
ことわざにあるように、牛を飼うのは並大抵の仕事ではない。「尻尾の先の毛まで」の所有を主張した男に、神は、強い執着と意志を認めた。それに反して「(自分のものだから)好きなようにできる」と言う女の答えは、所有で事足りているだけ。

手に入れるのは管理ほど難しくはない。(Kumaatha gutiri hinya ta kuramata)
財産を得ることは管理すること。(Kugia indo ni kuramata)
女は、このことわざの心得からは遠いようにみえる。日本には「女賢《さか》しうて牛売り損う」という諺があるが、ここでは「女愚《おろ》かしうして牛を持ち損なう」だろうか。

2　男、死んだふりをし女房を離縁したこと

解古世《ゲコヨ》の国にあった話だ。ある男がある娘に惚れ込んだ。まもなく男は、その娘を女房にした。男はそののちもますます女房に惚れ込むばかりじゃ。たがいに惚れ合うて仲よう暮らしておった。そのうちに亭主は、仲がいいばかりでは気がすまぬようになったのだなあ、この女房のまことの心を知るにはどうしたらよかろうか、と思案しはじめた。

あるとき、男は蜂蜜の入った**ケヘンベ**を手に入れてきた。じぶんの寝台《ねだい》の真うえの天井から吊るし、他人が食べようとおもうても、寝台《ねだい》のうえに登らねばとどかぬようにした。こうしてから、男は女房が**ギマ**を作るときは、このケヘンベを天井から下ろし、食べおわると、また天井へもどしておった。蜂蜜はじぶんの手をとおさねば食えぬような仕掛けをしたんじゃ。じぶんが死んだらこの女房はいったいどうするのかを見るのが、この女房のまことの心を知るに、いちばんいい方法だとおもうたからじゃ。

ある朝、男は女房に言うた。

「今朝は気分がえろう悪い。ぞくぞく寒気がする。それにえろう熱もあるようじゃ。なぜだかわからん」男は臥せり、昼頃に女房を呼んで言うた。

「これは死病《しにやまい》じゃ。オレはもうだめだ、さらばじゃ、達者で暮らせよ」

女房は、仰天した。人が死ぬときはこういうふうになるものか。先ず、からだが真っ直ぐに伸び、ややあって寝台《ねだい》のうえで手足が空《くう》にあえぐ。そして、ばったりと動かずになる。亭主が死んだのを見て、女房はおもうた。「亭主が死んだからには、このさい先ずはせいいっぱい食うて、それから人を呼びあつめ、わたしが亭主のことをどんなに思うておったか見せよう」

女房はギマが煮えると、ケヘンベを見た、それは亭主の体の上にある。つねにはじぶんのままにならず、いつでも、亭主の手からとってもろうておったのだ。だが、いまやわが手でとって好きなように食える。女は寝台《ねだい》の上に登り、手を伸ばしたがとどかなんだ。そこで、亭主の腹のうえを踏んづけてケヘンベをとり、蜂蜜をギマにつけて腹いっぱい食うと、ふたたび亭主の腹を踏み台にしてケヘンベをもとのばしょに吊るした。体のうえに乗られた亭主は、重いのをこらえて下からじっと女房のすることを見ておったのだ。

女房は、腹がいっぱいになると、人々に何がおこったかを知らせるために泣いたほうがよかろうと思い、外へ出て大声で泣いた。人は駆けつけてきた。女たちはそこの亭主が死んだときくと、家の外にあつまって泣いた。

男たちは、しきたりのとおりに死人のしまつをしようと家のなかへ入っていった。だが、見た！　死んだはずの男が寝台《ねだい》のうえに座っておる。アリャ！　ぎょうてんして**口を押さえた。**

男たちは、外へ出ると女たちに言うた。

「ご婦人方、泣かずともよろしい。死んではおらん、生きておったんじゃ！」女たちは泣きやんだ。ところで、女房は、喜ぶどころか、なおさらワッと泣き崩れた。おどろいた人々は言うた、

「しっかりせい、よろこべ！　亭主はいきておったんじゃ」

亭主は言うた。

「わしは、この女がまことにわしのことを思うておるかためすのに死んで見せたんじゃ。もうわかった。この女はわしが死んだので泣いたんではない、わしよりも自分の腹が大事だったんじゃ」

女は実家に返され、父親は婚資《ルラシオ》を男に払い戻したということじゃ。

【注】

ケヘンベ（kihembe）——木を刳り抜き筒状にして作った蜂蜜の容器。

ギマ（ngima）——（１４０頁参照）。

口を押さえる——驚いたときの表現。

婚資《ルラシオ》（rūracio）――よその娘を妻にすると、夫の方は娘の父親に山羊、羊を数十頭支払わなければならない。のちにその妻が夫の落ち度ではなく離縁になった場合には、娘の側は受け取った婚資を返さなければならない。

3　剛の者、女に謀《はか》られ眠りに打ち勝てず牛を失うたこと

むかし、**於加比**《オカビ》の国にあった話じゃや。

あるとき、かの国にティバンゴなる剛の者がおった。力《ちから》においてはかなう者なく、そのうえに、かぞえきれぬほどの牛を持っておった。ゆえに、つねづね隙あらば、と狙われておった。それ、はなしに聞いておるだろうが、於加比《オカビ》の国の戦士《モラン》はなあ、しばしば同族の牛、いや、親の牛さえ盗むのだと。

だが、ティバンゴは用心深い男じゃて、夜は**うさぎの眠り**、朝は**グワレ**の鳴くまえに起きて……、グワレはいかなる鳥よりも早く起きる、遠い旅にでる者はその声で家を発《た》つ刻限を知っ

たものだが……、屋敷のまわり、牛囲いのあたりを見てまわり、怪しの者は見つけしだい、ひねり潰して叢林《ブッシュ》のなかへたたき込んだんじゃ。

かようにして年月《としつき》は過ぎ、ついにティバンゴの牛を盗ろうと企てる者など一人もおらぬようになった。だが、けっしてあきらめたわけではない、忘れたのでもない、なんとかあいつの牛をせしめるてだてはないものか――。

ところで、それ、ことわざにもあるじゃろうが「男が行き詰まったら、転回する」とな、男がいくらやってみても駄目なときは駄目だ。そんな時はかんがえを変えてみよ、とな。たとえば、表でどうにもならねば、裏にひっくり返す、男ができずば女でどうじゃ、若い者で駄目なら年寄りの力を借りてみるか……、というようなことじゃ。

ある時、一人の……なんのなにがしといわれるほどの者でもない、その名さえだれも知らぬ……老い耄《ほう》けた風体《ふうてい》のじいさんが戦士《モラン》の頭《かしら》をたずねてきて、言うた。

「ほかでもない、わしがティバンゴの牛をせしめるやり方を教えてしんぜよう。いや、たわごとを言うのではない。それには、まず十二人の戦士《モラン》をあつめてみてくれ。そのうえで一策を授けよう」

十二人の戦士《モラン》が、槍、盾、棍棒、腰に剣、と武具に身をかためてあつまってきた。じいさんは言う。

「いやいや、戦《いくさ》に行ってもらおうというわけではない。くにじゅうを隈なく歩き、そのなかでいちばん美しい娘を見つけて連れてくるのじゃ」

戦士《モラン》たちは、国々の**戦士部落**《マニャッタ》を訪れ、それとなく娘たちを検分した。

木陰につどいビーズ刺す娘たちに声をかけてはからかわれ、乳搾る娘を牛の腹のむこうに覗けば、娘は見た、ふるいつきたいような武者よ。この機逃《のが》すものかと追っかけてきて取り付かれる。

やがて、あるところから見つけだしてきた一人の娘、その名の謳《うた》い込まれた歌が戦《いくさ》におもむく戦士《モラン》を奮い立たせた美女、真っ白な歯は牛の乳のごとく、脂を擦り込んだ黒い肌の妖しい光には、ライオンも牙をおさめすごすごと立ち去ったということじゃ。

そこで、爺さんは娘にこう指図した。

「ティバンゴの部落《エンカン》へ行き、なんとかしてあいつに会う折を摑め。会うたところでこう言うんじゃ『あなた様がいかにお強く、いかに多くの牛をお持ちかというお噂を聞き知り、はるばる参りました。お目にかかれたこのうえは、もうここを動きません。どうぞわたしを妻にしてここに置いてくださいませ』とな。ティバンゴがそれを承諾したらな、いったんうちへかえり諸々《もろもろ》の手続きをふんで……、などかんがえてはならん。時を置かずあいつの女房におさまれ」

娘は、じいさんの指図どおりにした。

さて、ティバンゴは、この天下一の美女に息を呑んだところへ、女房にしてくれとまで言われて、わななき震え、体の一ヶ所たりとも震えないところはなかった。

娘は、女房の一人としてティバンゴの家敷で暮らすことになった。

一日め、ティバンゴはいつものようにうさぎの眠りよ。だが、いつもよりわずかに起きるのが遅かった。

二日め、起きたのは、グワレの声を聞いた後じゃ。

三日め、隙間漏る朝日の光は、戦士《モラン》が**真横に構えた槍**よ。

四日め、陽は燦々と平原をくまなく照らし、屋敷うちの牛も羊ももうすでに放牧に出払った後じゃ。

五日め、時刻は移ろい、陽はもはや頭上に高く、やがて放牧の牛を水場に追って行く時分だ。

以来、ティバンゴの日々のつとめであった夜明け前の見回りは止んだ。それまで、彼の動静を窺っておった者たちは、今やこの時、とおもうた。

我が庭に入ったスパイからは助からぬ。すでに我が屋敷うちにおる者に狙われては逃れる道はない、この女房は敵の一味だったからなあ。

しめし合わせたその日、ティバンゴの牛は**仔牛一頭残さず**に持ち去られた。むろん、女も一緒じゃ。

ティバンゴは「眠り」に打ち勝てなんだのじゃなあ、美しい妻を得たときから財産を守ることを忘れた。両手に花というわけにはいかぬのじゃ。

【注】

於加比《オカビ》――(3話参照)

うさぎの眠り――わずかな物音をも聞き逃さないような眠りのことを言う。うさぎは、耳聡い動物なので、眠っているところを捕まえようとしても捕まらない。

グワレ――(第一部第二章5話参照)

男が行き詰まったら――（Kirema arume nikigariure）このことわざは、いくらやってもできないときは、男は発想を転換する、男に不可能はない、の意。

戦士部落《マニャッタ》（Manyatta）――少年が割礼を終え、戦士になると、ここに移って暮らす。ここには、戦士《モラン》の愛人である少女も一緒に住んで暮らしていた。雄々しく美々しい戦士《モラン》は少女達のスターだった。その愛人になり、マニャッタで暮らすことが、あこがれだった。ちなみに、結婚相手はまったく別。親が決めた男。

真横に構えた槍――平原の日の出は、地上に障害物がないので、地平線からの光線が真っ直ぐに伸びてくる。家屋のひび割れの隙間から洩れ入ってきた光は、戦士《モラン》が片膝をつくようにして投げる態勢をとった槍のよう。暗い家屋の中は、数本の白い光の棒を横に渡したようになる。つまり、もうすでに朝日が顔を出したということ。

我が庭に入った……――このことわざは、「獅子身中の虫」（日本の諺、内部から発する禍の喩え）のようなものだろうか。

仔牛一頭残さず――他の部落を襲撃し牛を掠奪した場合、根こそぎにするのではない。やがては仔を産んで殖えるようにと、よい牝牛を一頭選んで残す。これが敵のなさけ、マナー。だが、それすら残されなかったこの男は、よほど憎まれていたのだろう。

4　男と女、暗闇に指を失い仇同士になったこと

むかし、解古世《ゲコヨ》の国のさる里に、右手の指が四本しかない男と女がおった。いや、なに、おふくろの胎《はら》ん中に一本残っておるわけではない。それはな、かようなわけじゃ、まあ聞け。

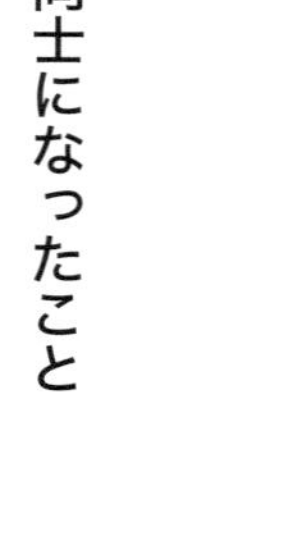

この里の住人ケイゴヤには、ケアリキという女房がおった。だが、この女房はケギヨという男の思い者であった。その男は日暮れになると、時には肉、時にはヤムなど、もろもろの食べ物をたずさえて女を訪れるのをつねとしておった。女もまた、煮た豆や蜂蜜漬けの肉など、情人《おとこ》のために気をつけてとり分けて残しておいた。男があらわれるその時分にゃ壺に入れた**オショロ**はかくべつに冷えておった。

家屋の土壁には、ふつう窓も煙出しもないのだが、ケアレキの**女屋**《ニョンバ》の裏がわ、壁の一ヶ所に

は、ちょうど半割瓢簞《カイフリ》が出し入れできるほどの穴があいておったのだなあ。ふだんはそれが見えぬように内側からなにかでおおわれておる。男が、外で穴の前に立つと、おおいは除かれ、そこからものはとり交わされ、また「今晩、亭主は留守だよ」というような合図もされるのじゃ。軒下の壁ぎわでひそかに食べおわり、男がたち去ると、ふたたび穴はおおわれる。
ところで、むかしはなあ、男は財産さえあれば——つまり、土地、山羊、羊のことだが——女房は何人でも持てたんじゃ。何人おっても、そのひとりひとりに女屋《ニョンバ》を持たせ、じぶんは男《ジン》屋《ギラ》に寝おきする。亭主はいつでもひとりの女房とひとつ屋におるわけではないからによって、かような内緒ごともできたんじゃろう。

ある年、ひどい旱《ひでり》にみまわれた。食べものが乏しうなり、家の者らはみな腹を空かせておった。だが、この女房だけはいっこうにひだるげなふうも見せぬ。亭主のケイゴヤにはわけがわからぬ、あの顔見るたびになにやら得心がゆかぬ。ひそかに調べあげ、ついにケギヨとの関係《なか》を突きとめたのじゃ。

さて、先ずはどうしてよいやらわからぬ。たとえ、女房を殴ったとて、嚇したとて、両人の仲が切れるとはおもえぬ。さんざ思案のすえ、一策をおもいついた。

ある夕べ、亭主はその日、ケギヨが来るにちがいないこと——つまり、肉などが手に入ったらしいんじゃ——それを嗅ぎつけると女房を年齢組《リイカ》の仲間のところへ、借りものを返す使いにだした。出て行くとすぐに、女房の女屋《ニョンバ》に入り、しのんでくる情夫《おとこ》の足音を待ちうけた、もうそのじぶんじゃ。

ケギヨにとってはいつもの夕暮れ、人の顔もだれそれとはさだかに見わけがたくなる頃、例の穴の外に立ち、声を殺して「ケアリキ！」と呼んだ。

そら来た！　とばかり亭主が穴のおおいをとり払う、そこからバナナの葉に包んだ肉がそろりと入ってくる、亭主は受けとる、差し出された手をそのままやさしくとり、左手でなかへ引き込む、やにわに引き寄せ右手に持った短刀《カヒウ》で親指を切り落とした。この短刀《カヒウ》は昼間のうちに念入りに研いでおいたんじゃ。

ケギヨはこらえて、かろうじて声こそはあげなんだが、ドドドッと、山羊が怯えるほどのもの音をたて、おそろしい勢いで遁走した。

亭主のケイゴヤもまた、自分の男屋《ジンギラ》にもどった。

やがて、使いにだした女房も、かえってきた。情夫《おとこ》が来るとすればもうそのじぶん、来て待っていはせぬか、気もそぞろに大いそぎ、ハアハアと息を切らしてきたのじゃ。

女房が女屋《ニョンバ》に入るのを見とどけると亭主、ひそかに男屋《ジンギラ》を出て、さきほど男がおった穴のまえに立つ。

「ケアリキ！」押し殺したケギヨの声色をつかう。内がわからおおいがとり払われ、半割瓢箪《カイフリ》に盛った豆が穴からそろりと出てくる。外の亭主は、パッと払い落とすやその手をグイと引き寄せ、人差し指を切り落とした。

女房は、おどろき、とび退き、炉端へ逃げ、そこへへたり込んだ。

いったい、なんのことやら、わけがわからん！

出かけるまえに灰をかけておいた炉の火は、掘りおこしたなりでまだ薪は足してはおらぬ。そのわずかな明かりのなかで見た手には指が一本無い！

この女房もまた声はあげなんだが、いや、声も出ぬおそろしさであったろう、炉端は湧き水、洪水（つまり失禁）であったというはなしじゃ。

いらい、ケアリキとケギヨはたとえ道で出会うても、二度と口をきくことがなかった。たがいに**夜と昼のような仇同士**になったのじゃ。


これ！　日暮れに、ソワソワとどこやらへ出て行くおまえ、暗闇に指を失うまいぞ！

【注】
オショロ（ũcũrũ）——一晩水に浸けた黍を搗き潰し（現在ではトウモロコシを用いる）、水を注いで漉した白い汁を二、三日置いて発酵させ、それにサトウキビの絞り汁を入れて煮たもの。とろりと甘酸っ

ぱい飲み物であり、暑い時は、壺に入れて冷やしておくと清涼飲料にもなる。ちょっとした来客をもてなすにも、朝食代わりにも用いられる。ふだんの日にも、祝いごとの日にも、なくてはならない伝統食物。だから、若者が娘の父親に申し込みをする時は「日々のオショロを乞いに来ました」と告げる。また、娘の父親が、その求婚を断るときは「わが家にはオショロにするに充分の黍がありません」と言う。

女屋《ニョンバ》(nyũmba)——女が結婚をすると、家屋を一軒造って与えられる。これがニョンバである。中央は炉端になっていて、その周囲はいくつかに仕切られ、母親のベッド、娘のベッド、貯蔵庫、一、二頭の山羊、羊を囲って置くところなどがある。この家屋にはたとえ息子であっても、成人男性は住めない。

半割瓢箪《カイフリ》(kaihuri)——円形の瓢箪を半分に割ったもので、大きいものはボウルとして、小さいものは椀として用いられる。

男屋《ジンギラ》(njingira)——妻が一人の時は夫婦でひとつ家に共に住むが、妻が複数になると、夫は男屋《ジンギラ》に住む。ここは、夫が寝起きをし、その私物が置いてあり、接客の場所でもある。また、成人した未婚の息子などが一緒に住むこともある。炉はあるが、調理機能はない。

夜と昼のような仇同士——「夜の中に昼は決して侵入することはなく、また昼の中に夜が侵入することもあり得ない」。つまり、まったく相容れない仲という表現。この男女は、お互いに相手がやったものと思いこんでしまった。

5　暴力亭主、女房に骨抜きにされたこと

むかし、ケマニという男がおった。この男は、女にけっして口返答させず、女がことばを返せば、なさけ容赦なく、手加減せず打擲することで、近辺はもとより、遠方の親戚すじにも知れわたっておった。

ある晩、仲間うちの寄り合い酒から酔ってかえってきたケマニは、女房の女屋《ニヨンバ》のなかの羊囲い《ゲシェゴ》で山羊がいやに鳴きたてておるのをきいた。いまじぶん、こうも鳴きたてるのは、諸蔓《メレヨ》をまだやってないとみた。女房のいうことにゃ、昼間、森へ薪をとりにいった。なにぶん身重のからだゆえに、仕事がはかばかしうはいかぬ。家へかえってきたときにゃ、日もとっぷり暮れており、諸蔓《メレヨ》を刈りにゆきそこのうてしもうた、と、こうじゃ。きいた亭主は、「なんだと！　つべこべ言うな。山羊を一晩たりとも空きっ腹で寝かすな、とオレは言わなんだか、いいか、このオレが一度でも言うたことだぞ！」

わめきながら女房のからだのところかまわず――むかしの男はな、しょっちゅう女を打ったもんだが、それでもきまりがあった。胸、腹、前の方はいかん、背、尻、足にかぎりゆるされたんじゃ――ところがこの男、張りだした腹でさえ、容赦なく棒で気のすむまで、ぞんぶんに殴りつけ、そのうえに、振りまわした短刀《カヒウ》はまぶたをかすめ、あやうく盲《めし》いになるところじゃった。

どうやら死にはしなかったものの、女房はその日から、ながいこと患い、寝こんだ。腹の子も、やっと生きて生まれはしたが、生まれたその子はからだのいたるところ生涯消えぬ痣《あざ》だらけだったという話じゃ。女房の長患いに弱りはてたのは亭主。病人の世話をせにゃならぬわ、子のめんどうもみにゃならぬわ、姻戚にも顔むけならず、わが親からも意見《いけん》うるさく……。ケマニは、口には出さなんだが、わがあやまちをみとめ、二度と女房を殴るまいと思うた。

そののちは、女房にはむろんのこと子どもらにも、荒い口をきくことさえつつしんだと。ことのはずみで手が出るようなことになるのを恐れたからじゃ。ケマニのかつての威勢は、根絶やしになったかにみえた。

いっぽう、女房は、亭主がすっかり人が変わってやさしう、いや、おとなしうなったのを見たとき、心のなかでビシッと**木を折った**。長いあいだ胸に閉じこめておった辛抱を、今、打《う》っ遣《ちゃ》った。あれほど痛めつけられても親のもとへ逃げかえらなんだは、この時のためか。

それ見たか！　おまえはわたしを死ぬ目にあわせたが今やおまえも**庭の木っ葉**《こっぱ》じゃ。

ある日、ケマニは女房ともども年齢組《リイカ》の仲間の祝いごとにまねかれた。日が暮れるまでそこで酒を飲んでたのしんだ。さて、夜、家にかえりついたとき、亭主は女房に食べものを出せと命じた。むろん先方でたっぷり振舞いにはあずかっておったが、多少小腹がすきはじめておったんじゃろう。むかしはなあ、食べものをつくるにゃえらい手間がかかったんじゃ、黍、稗ならば磨り石ですり潰して粉にする、かたい豆やトウモロコシならば、ひと晩水につけてから火をたやさんように気いつけて軟らかくなるまでながいこと煮る。子どもらを婆さんのとこにあずけて一日《いちんち》留守にしておった家に食べもんなんぞありそうもないわな。

その時、女房のこころの掛け金は、すでに外れておった、亭主に食ってかかった。

「おまえさん！　ようもそんな理不尽《りふじん》なことがぬけぬけと言えたもんだねえ。わたしゃおまえと一しょに一日《いちんち》じゅうあそこにおってたった今、かえってきたばっかりなんだよ。それとも、もうひとりのわたしが家におって黍の粉を捏ねていたとでもおもうたのかい？」

近頃すっかりおとなしうなったケマニとはいえ、いくぶん酒のせいもあったのか、ふだんの戒《いまし》めを忘れかけた、思わず手はいま灰を掻きおこしチロチロ燃えだした薪を摑んでおった、

「なんだと！　亭主にむかって悪態吐《つ》くのか！」女房は言うた。

「わたしがおまえに悪態吐《つ》いたところでそれがどうした？　ヘッ！　お天道様が西からもどって来るとでもいうのかい！」亭主の前を大股に横切りざま、ペッと唾を吐きかけた。亭主は燃えさしを摑んだその手をビシッと叩き落とされる思いじゃ。ケマニの起《た》ち上がりかけた**心はへ**

し折られ、二度と女房に頭が上がらなんだということじゃ。

【注】

諸蔓《メレヨ》――（第一章2話参照）

木を折った――最終的決意の瞬間の表現。

庭の木っ葉《こぱ》――風に吹き払われて地上に散乱した落ち葉は、掃き寄せて山にして纏めておく。わたしゃお前をその木の葉のように、おとなしくさせたのだ。

心はへし折られ――キクユは完全な男社会。女が男に悪態を吐くなどは、もってのほかだったので、さすが我慢のこの亭主も思わず女房をなじったのだが、「それがどうした？」などと開き直られては、グウの音も出ない。

6　牝牛、人の世では報われぬと言うたこと

ずっとむかし、牛は人間の言葉がわかった、人間と話をした、人間の考えておることまでわかった。

あるところに牛をたくさん持っておる家があった。その群れの中にとくべつに大きな牝牛が一頭おった。その**コブ**《イグク》はそりゃ見事なもんだ。

ところで、この家《や》の女房、いつからかこのコブに欲念燃やすようになり、見るたびひとり胸ん中で言うた、なんと肥えたでかい牝牛《やつ》なんだ、あいつが屠られてあの脂の乗ったコブが食えるのはいったい何時のことやらなあ！

あいつを屠らせるには、いったいどうしたらよかろか？　そのことばかり思い暮らした。だが、牛どもはとうにこのことは知っておったのだ。というわけは、毎日、夕刻に放牧からかえってくる群れを見るこの女房の眼《まなこ》は牝牛《やつ》に釘づけよ、ほかの牛たちには目もくれなんだからなあ。

ある日、女房は亭主にこうもちかけた。

「ねえ、おまえさん、今年《ことし》は黍もどっさり穫れたねえ。粉に挽いて**グンジャゴト**をこさえて腹

いっぱい食べたらみんなコロコロ肥えるだろうねえ。けど、あいにく脂が切れておってなあ」

グンジャゴト！　腹いっぱい！　肥える！　亭主はすっかりしあわせなこころもちになった。脂をどうまかなおうかと思案した。そこで、群れのなかのいくぶん年かさの牝牛のところへゆき、内密でひそひそ相談をもちかけた。

「なあ、じつは嬶《かか》のヤツが脂をなんとかしてくれと言うんだが、家《うち》にはいまんとこ脂の乗った山羊も羊もおらんでなあ、どうしたもんだろう？」

牝牛は言う。

「先ず、おかみさんのところへ行って、脂のほかに何か欲しいものがあるかおききなさい」

亭主は女房の欲しいものが脂のほかにはないことをたしかめると、とって返し、牛につたえた。そこで、牛は言う。

「わたしの乳を搾り三日間寝かせ、それが発酵したら二つの瓢箪に分け入れ、よく振る。すると酢っぱいものが分かれてくる、それを水で洗い流すと脂が残る。それを**半割瓢箪**《カイフリ》に入れておかみさんにあげなさい。それで旦那のなやみごとはおわり！」

亭主は、牛に教えられたとおりにした。

女房はよろこんだ。牡牛《あれ》がとうとう屠られたとおもうたのだ。だが、それもつかの間、牡牛《やつ》が相変わらず群れの中におるのを見るや、がっくり。そこで、考えた、脂でダメなら血でいくか。

ある日、亭主に言うた。

「ねえ、おまえさん、わたしゃこのごろ肝臓のぐあいが悪うてねえ、治療師に見てもろうたんだが、そこでなあ、牛の血に蜂蜜を混ぜて飲むといいといわれたんだよ。それでいくらかようなるかどうか、その品物をつごうしてはくれまいか？」

亭主は、また例の牝牛のところへそうだんに駆けつけた。

「なあ、嬶《かか》のヤツが肝臓を病んで、治療師に牛の血に蜂蜜を混ぜて飲むように言われたそうだ。どうしたもんだろうか？」牛は言うた。

「先ず、おかみさんに牛の血と蜂蜜のほかに何か欲しいものがあるかどうかお聞きなさい」

そこで、亭主は女房の欲しいものがそのほかにないことをたしかめて牛につたえた。牛は言うた。

「**ディア**でわたしの頸の静脈を射てください。血がどっと出ますから、それを半割瓢簞《カイフリ》にとっておかみさんにおあげなさい。ただし、矢を射るときにゃ、うんと斜交《はすか》いに射込んでくださいよ。真っ直ぐに立てると血管が切れてわたしは死ぬでしょう」牛の血は採られ、蜂蜜と混ぜてとどけられた。女房はそれを飲み、残りは**ウンデ**に料理した。

だが、牡牛《あれ》がいまだに屠られずに、あのコブを揺らしながら群れのなかに、ゆうゆうと歩いておるのを女房は見た。腹の虫はおさまらぬ。

「このぶんじゃ、牡牛《あれ》を屠ることたぁ当分あるまい。わたしゃあのコブの脂を飲み損なうことにもなりかねん。どうしたらよかろう？」

三日間寝込んだ女房は、そのあいだ飲み食いはおろか寝床から出ることもせぬ。

亭主が女房の女屋《ニョンバ》へ来てきいた。

「なあおまえ、三日も寝ておって庭《ジャ》へも出んようだが、いったいどこのあんばいがわるいんだね？」

「腹のあんばいがわるうてねえ。けど、もう起きてそろそろと治療師のとこへ行って、何のせいなのかきいてみようと思うとるんよ」

家を出た女房は、治療師のところへ行くどころか、谷間の畑へ降りて、**ドーマ**を掘ってきて食うた。亭主が治療師の診たてを聞きに来た時、女房は言う。

「膵臓と横隔膜が癒着しておるで、それを治すにゃ焼いた牛の肝臓がいちばんだと」

聞いた亭主は心のなかで思うた、「やれやれまたか、肝臓をよこせということは牛を殺せということだ。やっかいな病になったもんだ」。

亭主はまた、かの牝牛とないしょ話を交わした。牛は言う。

「この前射たほうではない側の静脈をディアで射てください。採った血に塩を混ぜて凝固させると肝臓に似たものになります。それを焼いてあげれば、おかみさんは牛の肝臓だと思うて食べます。これでおかみさんもおとなしゅうなるでしょう」

さて、それを食べさせられた女房は、すっかりしあわせな気持ちになった。

今度こそまちがいなく牡牛《やっ》は屠られたんだ！　だが、一日待っても、二日たっても、肝臓につづいて肉や脂の出てくるようすはない。不審に思うて放牧からかえった牛が納まっておる囲いの辺りをまわってみた。おる！　その中におった！　屠られてはおらん！　ついにカッとなった。

「エエィ、このバカおやじめが！　わたしゃ牡牛《やっ》のコブが欲しいんだちゅうことがわからんのか、あの脂を飲んで肥えようというのに。亭主なんぞなんの役に立つんだ？　あれほどなんども、なんども手をかえ品をかえ言うたに、わからんとはどういうわけだ？」

以後、女房は固く口を閉ざしてだれとも、亭主にさえ、口をきかなんだ。

そこで、亭主は聞いた。

「なあ、おまえ。またどうしたというんだ、三日も、だれとも口をきかんとは？」

「じつは、喉を痛めてねえ、それでだれとも話ができなんだ。昨日来た年齢組《リイカ》の仲間が言うことにゃ、治すみちはただ一つ、牛の腎臓がいいんだと」

亭主は、またあの牛のところへ行って、これこれしかじかと話した。

「いったいどうしたもんだろう？」牛は言う。

「一番最初に射た方の側の静脈をディアで射てください。血が噴き出したら瓢箪に採って二叉の木で攪拌し、塊になったら二つに分け、半割瓢箪《カイフリ》に入れて、右と左の腎臓だと言っておかみさんにおわたしなさい」

それがとどけられると女房は、おもいっきり踵で地面を引っ掻いてよろこんだ、こんどこそまちがいあるまい。

「そーら、見たか！　おまえらが望もうと望むまいと、牡牛《あれ》は屠られたんだ！」

だが、牡牛《やつ》がやっぱり放牧の群れの中におるのを三日たって女房は見た。

「いったいどういうことなんだ？　あの腎臓はどこから持ってきたんだ？　わたしゃ自分をかなりかしこいと思うておったんだが、いつでも、いつでも、こんなふうにしてやられておったんだろうか？　だが、**手を引くことは**捨てるってことよ。わたしゃやめんぞ、これから先はもうそのものズバリ、あれ（コブ）と言うてやる！」

しばらくして、女房は身ごもり、いや、そう言うことにしたのかも知れんが、亭主に言うた。

「ねえ、おまえさん、わたしゃ腹に子がいるせいか、むしょうに牛のコブが食べたくてねえ。何とか手に入れてくれないかねえ」

聞いた亭主、怒りのために噛んだ指をほとんど食いちぎらんばかりよ。むかしから、妊婦の欲しがる食べ物をやらぬと、月の足らぬ子またはかたわの子が生まれると言われておった。そのため、ふだん我慢の女房たちも、この時ばかりは多少のわがままはゆるされる。だが、と亭主は思うた、いいかげんにしてくれ、この女《あま》！　いつになったらひとを困らすことをやめるんだ？　いくら腹に子がおるからいうて女が**特別肉**をズバリ名指しで要求するなんぞ、いまだかつて聞いたこともないわ！　だが、口には出さなんだ。

亭主は、例の牝牛のところへ行き、これこれしかじかと言うた。そのときにゃ、ついに牝牛の怒りにも火が点いた。

「もうたくさんだ！　どこへでも行っておまえさんの好きなようにしてくれ。今まで教えたことで足りんというなら、わたしゃもう相談にゃ乗れん。今度こそわたしゃ堪忍袋の緒が切れた。もうおまえとは口をきかん。われわれは乳を供給し続け、攪拌の仕方も教え、濃くしてクリームを作るすべも教え、動物を生かしたまま血を採るやりかたも教えたに、人間はわれわれを屠って肉を食べ、皮は干して寝床に敷く。われわれはしょせん人の世では報われん」

その日から、牛は人間と口をきくことを止めてしまい、ただ「モー」とだけ言うようになった。人間が話しかけても、「モー」とだけ返事をした。

仔牛にも「モー」とだけ教えた。牛はその時から言葉を捨て、以後、人間とは話をすることがなかったのじゃ。

【注】

コブ《イグク》 (iguku) ――コブ牛のコブは、脂肪が多く、最も珍重される部分。牡の方が大きい。

グンジャゴト――脂を使う料理の一種。

半割瓢簞《カイフリ》 (kaihuri) ――(第三部第二章4話参照)

ディア (ndia) ――採血用の小さい矢。

ウンデ (undĩ) ――血と蜂蜜を混ぜるとトロリと濃くなる。それを火に掛けるとさらに固まり食べ易くなる。

ドーマ――(第一部第二章6話参照)

手を引くことは――諦めは放棄。

特別肉――牛を屠ると、その肉は任意に分配されるのではない。その身分によって食べる部分がほぼ定められている。その集団によって、またその時と場合によって多少異なることもあるが、例えば、若者には後肢、少年には腎臓、女子供には腸詰め肉《ゲリマ》などと。そして頭は長老または特別な人物に進呈するか、年配の男たちが食べる、など。まして、牛のコブなどという特上な部分は、しかるべき人に進呈される。いくら身ごもっているといっても、女が自分からそれを指定して要求するなどとは！

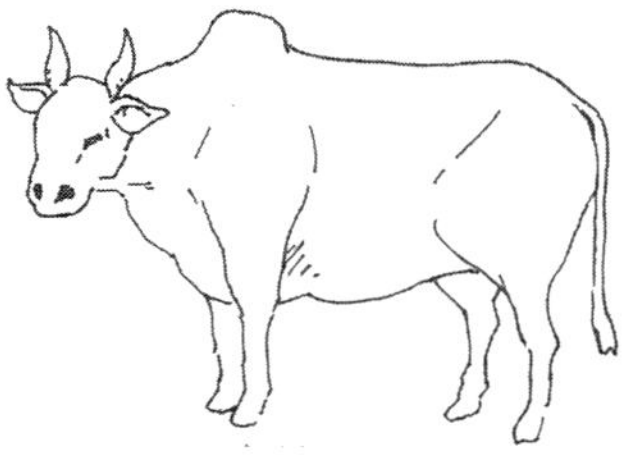

おわりに

発見

ナイロビは、人種の坩堝《るつぼ》と言われている。だから、いろいろな言葉が飛び交う。わたしが滞在したホステルも、坩堝とまではいかないにしても、小さな溜《た》まりだった。アフリカを旅する人は、ここを基点として各地へ出て行き、またここへ帰ってくるので、このロビーは、バックパックが往き来する、ちょっとした「アフリカ街道」だろうか。欧米人、アジア人、アフリカ人……、さまざまな人々が往き交い、呼びかけ合う。

聞こえてくるのは主として英語と、この国の共通語であるスワヒリ語だが、その間に耳慣れない言葉、ここで働く人たちが口にするキクユ語が耳に入ってくる。

その時、わたしは思い出した。かつて、ものの本の中で読んだある言語のはなし。世界を往来している言語とは違って、少数のひとびとがその地域だけで話す言葉、学校では教えないが、祖母から、母から聞き覚え、まるでそこの土壌の匂いのような、手触りのような言葉。そんな言葉を知りたいという思いが立ちあがった時があったことを。けれども、それは日本で習うことはできない。あきらめ、久しく忘れていた、というよりは、わたしの心の奥底に蹲っていたのか。そのひとつがいま、ここにある！

母語の力

このロビーの片隅を借りてわたしはキクユ語を習うことになり、人づてに紹介されてひとりのキクユ人が来た。

最初は、子どものための小冊子をテキストに使った。この国のこどもたちは、公用語の英語や、スワヒリ語という共通語で学校教育を受けるが、この冊子は母語を忘れないようにとの大人たちのねがいから、キクユ語で書かれている。彼は先ず、ぱらぱらと頁をめくりながら、挿絵の一つを見て、書いてある言葉をなにげなく口にした。

Tũcui tũtũ nĩ tũtatu（ひよこが三羽いるね）

それまでベラベラと英語をしゃべっていたこの若者の口からこんな言葉が出たとたん、たとえようもなくやさしいひびきに切りかわったのだった。

どんなに短いひとことにでも、どっと息吹が流れ出し、血がかよいはじめる。その時、わたしは「母語」という熱いかたまりを呑んだのだ。

深いのぞみ

あるとき、読んでみせてくれていた声が途中、ふいに、歌になる。彼はべつに歌をうたったつもりはない。それまで文字を持たなかったひとびとが、植民地支配以後学校で習った文字は、英語を書くためだけのものだった。だから、母語を文字に移しても、口から出たものと同じ。

それが周知の歌のことばであれば、読むのではなくて歌うことしかありえない。

多くの言語とひとびとが行き交う喧噪の「アフリカ街道」。その道脇で、わたしにだけ聞こえる歌の節が低く流れた。それはまさに、日本の山村の古い子守歌とピタリとかさなった。夕暮れのかどべに、祖母がむずかる孫を背負って、この子の母を待ちわびながら、揺すり上げ、足踏みしながら歌うあの旋律だった。

西の方へ行ったら
ジェリが泣いていた
なんで泣くジェリ？
わたしのゲショロ
わたしを泣かせる息子のゲショロ
ゲショロはムエンベに行った
だのにわたしはマングに暮らす

Ndathiire na ya rũgũrũ
Ngĩkora Njeri akĩrĩra
Ngĩmũũria ũkũrĩrio nĩkĩ?
Nĩ Gĩcũrũ, nĩ Gĩcũrũ
Wakwa ũkũndĩria
Gĩcũrũ atũire Mwĩmbĩ
ona niĩ ndũire Mang'u

これは、わらべ唄だろうか、子守歌だろうか。わたしも知らない記憶の底から浮上してきたものがあった。

わたしが生まれてくるずっと前の、かつての日本の山村にもあった同じ旋律、おなじこころに、このアフリカの深い内陸部、姿も暮らしもまったくちがうかに見える人びとの中で出会ったという、人間へのなつかしさに涙が流れた。

彼は、わたしの涙などには気もつかず——気が付いたとしても、その理由などは決して理解はできなかっただろう。わたしが出てきたのは、札束が飛び交い、人びとはふるさとを忘れ……。テレビのコマーシャルは「ナイスデイ、ナイストゥモロウ」と小鳥のように無心に歌っていた、今日そして明日の「繁栄」を。そんなさなかの日本だった。——講釈をはじめる。

「これは子守歌ですか、わらべ唄ですか？」

「まあ、そんなようなものです。この国を東へずっと行けばモンバサの港へ出て、そのさきにはインド洋が開けています。すべての文明《いいもの》が入ってくる方角です。西には、ニャンダルアの山系がそびえています。『西の方（**Rũgũrũ**）』とは、里側から見て山の方です。西とは、なにか寂しい、未開な、というような意味を持ちます。『西の方へ行ったら、ジェリが泣いているのを見た（**Ndathiire na ya rũgũrũ**）』。ジェリは女の名です。『なんで泣く？（**ũkũrĩrio nĩkĩ?**）』と聞くと『わたしを泣かせる息子のゲショロ（**Nĩ Gĩcũrũ wakwa ũkũndĩria**）』と。この女は、息子のゲショロと離れて暮らしているので、逢えないのです。ムエンベもマングも地名です」

もしかして、こんな言葉やものがたりを知るのが、生まれてくる前からわたしにあった深いのぞみだったのではないかと、そんな気がした。もしかしたら、日本に出会うためにここへ来たのだろうか、わたしは。

日本の「母語」で

言葉が少しずつわかってくると、どうしてもこの言葉で「ものがたり」を聞いてみたいと思った。そして、かずかずのものがたりを読み、また聞いた。動物の話あり、鬼、妖怪の話あり、騙りの話、滑稽話、女が子を産む話……と。そのさまざまな様相、表現の素朴さ、土のにおい、荒々しさ、緊迫感、簡潔さ、リズム……。それは、すぐに『今昔物語集』など日本の古い物語世界と重なった。

キクユ人は、日本人と同じ膠着語という類の言葉をつかい、同じ農耕民族で、気質も似ているので、英訳からよりも原語からの方が日本語になじんだ語りに移すことができる。それに、日本語と同じように擬声語、擬態語が多く、そっくりな言葉が現れることでも興が深い。それゆえ、英語などとは異なってオノマトペの多い日本語では、原語により添った言葉が生まれる。

また、日本語は英語などとちがって表現のかたちに幅がある。例えば、語り手が声のトーンや身体表現で語り分けたように、登場人物のキャラクターや内容に合わせて「わたし」とも「ぼく」とも「わし」とも書き分けられる。

この言葉を聞いて（読んで）いると、地層の深いところからのように、わたしの中からわたしの母語（日本語）が、胎動を始める。なんとかして、このことばをわたしの母語の語りに乗せてみたい、という思いが鬱勃と起こったのだった。

Aの言語からBの言語へ移す過程でなにが行われているのだろうか、意味が通じればそれでいいという場合もあるけれど、民話などの場合は、そうはいかない。意味するところをそのままAからBへ移したのでは母語の「語り」の持つ味やにおいが抜けてしまう。民話は土から生まれるのだから。生きた言葉にするためには、Aの国の言葉をBの国の土壌に埋め、その土から「発芽」させなければならない、つまり別の土壌から育ててゆく。場合によっては、別の表現になることもあるかも知れない。言葉が生まれ変わることになるかも知れない。

ちなみに、小鳥が帰る場所を探して、さまよいながら歌う唄（第一部第四章第1話）には、それぞれの対象への呼びかけが付いている。少年たちよ、娘たちよ、妻たちよ、若者たちよ、男たちよ、と。もっとくだけた呼び方をすれば、兄ちゃんたち、娘さんたち、おばさんたち、若い衆たち、おじさんたち、となるのだろうけれど、小鳥が帰る場所を失って空をさまようこの幻想的シーンに、ふさわしい呼びかけの言葉は、日本語ではつけにくいので、すべて省いた。つまり、これが、こちらの土に埋めても「発芽」しなかった言葉なのであろう。発芽しなかった言葉を無理に生まれさせようとするから違和感のある日本語の語りになるのだろうか。
発芽させうるかぎりは、あくまでも原語に添った言葉を見つけ出したいと思った。

ニャンブラのこと

「人喰鬼《イリモ》の産婆で子を産んだ鍛冶屋の女房と、鳩のこと」（第一部第四章第2話）という物語、これは、もっともよく知られたキクユの昔話。幾通りもの話し方を知った。そのなかの一つは、通称百二十歳（いろいろな状況から判断すると、実際は九〇歳から九十五歳くらいと思われる）のおばあさん、ニャンブラから聞いたものだった。

　１９８６年、現地の知人に案内されてニャンブラを訪ねた。土壁の四角い家。窓はなく、明かりは戸口から入るだけ。入るとすぐに石を三つ並べた炉があり、炉のまわりの土の床には、薪、鍋、壺などが置いてあり、広さはおよそ六畳ぐらい。この奥に小さな寝部屋。

　ニャンブラは、ひとり炉端で煙のなかに座っていた。ここでは、自然物と人工物の境目が消えて、家も器物も、すべてが土の色に染まり、まとっている服もニャンブラの身の皮のようだった。

　日本の炉端で語られる話は、わりあいにおだやかな話し方だが、このときのニャンブラの語りは、そうではなかった。口調の強弱、表情の変化、身ぶりの振幅の大きさなど、炉端の語りというよりは、独演舞台。ギョロリと目を剝いた映像が炉の火の明かりに浮かび出て、高座の名人芸を見ているような気がした。

とにかく、きわめて端折られた短い話だった。けれども、そのぶんを補うように、語り手のまことに豊かな身ぶりと声の抑揚が織り込まれ、また、歌だけは、欠けるところなく何度も挿入される。

ちなみに、日本の民話のなかには、どんどん行くと言う表現に「行くが行くが行くがに」という言葉があるが、キクユの民話のなかでも「行った行った行った（agithii, agithii, agithii）」という言い方がよく使われる。このときニャンブラは、あたかも人の足音がどんどん遠ざかってゆくように「行った」という声がしだいに小さくなりつつ、手の仕草は、体から離れてその方へ泳いでゆく。語りの場合はそれですむ。人の口で語られる時は、言葉以外の要素で補われるから。

けれども、異民族の文字言語に移して表すとなると、まったく別ものになる。語り手の声の抑揚、身体表現、こころの息吹などは、存在しなくなる。失われたこの大きな要素をすべて言葉と文字の操作で補わなければならない。つまり、語りを「聞くように」、あるいは語りを「見るように」書かなければならない。

イタコのように

槌打つ鍛冶屋　シャンガラライシャ！
はよ打て鍛冶屋　シャンガラライシャ！
おまえの女房は子を産んだ　シャンガラライシャ！
人喰鬼《イリモ》の産婆で子を産んだ　シャンガラライシャ！
「粥食え産女《うぶめ》」　シャンガラライシャ！
「お前がいやならオレが食う！」　シャンガラライシャ！

この挿入歌を日本語に移していたとき（およそ二〇年近く前だろうか）、わたしは思った、まさに原語をそのまま日本語に当てはめただけ、余計な言葉の追加も、省略もしていない。これこそ原語の言っていることそのままを移したもの、と。ずっとそう思っていた。けれども、いま、これを書いていて、やっと気がついた。これは、単に原語を日本語に当てはめただけではない。古来から日本人が歌謡を口にするときにおのずから口をついて出てきた「七五調」。意図もなく意識もしないのにちゃんとあれになっているではないか。きっと、あちらの母語、しかも同じような農耕民族の母語に、わたしの国の古い母語が重なったのだと。

採ってきたテープを聴き、日本語にうつしてゆきつつ、イタコがあちらの世界のひとびとの言葉をこちらの自分の言葉で語るように、わたしは自身が「イタコ」になってゆくような気がしたのだった。

あとがき

言葉やさまざまなことを教えていただきましたキクユの人びとにこころからの感謝を捧げます。

２０１５年に他界されました文化人類学者、言語学者の西江雅之先生には貴重なご教示を賜りました。ありがとうございました。

東京図書出版編集部の皆様、担当して頂きました和田保子様お世話になりました。御礼を申し上げます。

杜　由木

参考文献

『故事ことわざ辞典』 鈴木棠三・広田栄太郎編　東京堂出版　昭和31年11月30日

『柳田國男集』 第5巻　筑摩書房　昭和37年9月25日

『聴耳草紙』 佐々木喜善　筑摩書房　１９９３年６月24日

『日本の民話』 松谷みよ子・瀬川拓男・辺見じゅん　角川書店　昭和55年12月30日

Kĩrĩra Kĩa Ũgĩkũyũ, M. N. Kabetũ, EAST AFRICAN LITERATURE BUREAU, 1947

Ng'ano ikũmi na ithano cia Gĩkũyũ, Dr. W. Sadler, Kenya Literature Bureau, 1957

GWATA NDAĨ, B. M. GECAGA, Thomas Nelson and Sons Ltd, 1950

Nĩtwendete Rũthiomi rwitũ, L. N. Njoroge, East African Publishing House Ltd, 1979

KIKUYU BOTANICAL DICTIONARY, F. N. GACHATHI, 1989

WĨRUTE GŨTHOMA, F. K. KAGO, Thomas Nelson and Sons Ltd, 1958

1000 KIKUYU PROVERBS, G. BARRA, KENYA LITERATURE BUREAU, 1939

KAGURARU NA WAITHĨRA, M. N. KABETU, Thomas Nelson and Sons Ltd, 1961

A HISTORY OF THE KIKUYU 1500–1900, G. MURIUKI, Oxford University Press, 1974

杜　由木（もり　ゆき）

1928年７月27日、新潟県生まれ。
子供服関連のデザインの仕事に従事。定年退職ののち、ケニアに渡り４年間滞在し、キクユやマサイの言葉を学ぶ。帰国後、現地に伝わる民話などの翻訳作業に取り組む。

【著書】
『空にあがったハイエナ』（春風社）　　　（日本図書館協会選定図書）
『夜には、夜のけものがあるき　昼には、昼のできごとがゆく
— 東アフリカの天界・地上・生きもの・人の世 —』（東京図書出版）
（日本図書館協会選定図書）
『在りし日　牡羊を屠り　家へ帰る
ケニア山のふもとに暮らした人びとの〈伝統・儀礼の書〉を読み解く』
（東京図書出版）

イラスト：山岡俊博・杜　由木

解古世の国の物語

ケニア山のふもとに棲んだ ひと 鳥 けもの 魔もの
虫けら 土の声

2016年12月23日　初版発行

著　者　杜　由木
発行者　中田典昭
発行所　東京図書出版
発売元　株式会社 リフレ出版
〒113-0021　東京都文京区本駒込 3-10-4
電話（03）3823-9171　FAX 0120-41-8080
印　刷　株式会社 ブレイン

ISBN978-4-86641-008-1 C0087
Printed in Japan 2016
落丁・乱丁はお取替えいたします。

ご意見、ご感想をお寄せ下さい。

［宛先］〒113-0021　東京都文京区本駒込 3-10-4
東京図書出版